职业技术教育学前教育专业"十三五"规划教材

信息化教学
能力培养教程

高方银／主编

XINXIHUA JIAOXUE
NENGLI PEIYANG JIAOCHENG

西南交通大学出版社
·成都·

图书在版编目（CIP）数据

信息化教学能力培养教程 / 高方银主编. —成都：
西南交通大学出版社，2017.8
职业技术教育学前教育专业"十三五"规划教材
ISBN 978-7-5643-5714-6

Ⅰ. ①信… Ⅱ. ①高… Ⅲ. ①计算机辅助教学–教学
能力–职业教育–教材 Ⅳ. ①G434

中国版本图书馆 CIP 数据核字（2017）第 216515 号

职业技术教育学前教育专业"十三五"规划教材
信息化教学能力培养教程
主编　高方银

责 任 编 辑	李晓辉
封 面 设 计	墨创文化
出 版 发 行	西南交通大学出版社 （四川省成都市二环路北一段 111 号 西南交通大学创新大厦 21 楼）
发行部电话	028-87600564　028-87600533
邮 政 编 码	610031
网　　　址	http://www.xnjdcbs.com
印　　　刷	成都中铁二局永经堂印务有限责任公司
成 品 尺 寸	185 mm×260 mm
印　　　张	8.25
字　　　数	194 千
版　　　次	2017 年 8 月第 1 版
印　　　次	2017 年 8 月第 1 次
书　　　号	ISBN 978-7-5643-5714-6
定　　　价	25.00 元

课件咨询电话：028-87600533
图书如有印装质量问题　本社负责退换
版权所有　盗版必究　举报电话：028-87600562

《信息化教学能力培养教程》
编 委 会

顾　　问　李青松　王　洪

主任委员　申红刚

委　　员　敖　磊　李魁福　刘正东　杨　琳

　　　　　高方银　黄威荣　王宇波　刘　宏

　　　　　邹　腾　田小宇　沈小康　刘凤鸣

　　　　　覃　江　申智龙　王　彩　徐　英

前　言

信息化教学能力是当代教师必备的专业能力之一，是促进信息技术与教育教学深度融合、加快推进教育信息化和努力实现教育现代化的重要保障。为全面提升中小学教师的信息技术应用能力，2014年5月教育部颁布了《中小学教师信息技术应用能力标准（试行）》（以下简称《标准》）。《标准》的颁布与实施是教师专业化发展的必要条件，是助推基础教育课程改革和全面实施素质教育的必然需求。

创设基于信息化教学环境下的学前教育活动，不仅引起了教学内容与教学手段的改变，也将引起教育观念与教学模式的革新，最终促使教学过程生动形象和学习内容丰富多彩，充分调动幼儿的多感官参与学习，激发幼儿的学习兴趣和创新思维，实现师生"教与学"的最优化。为完成本书的编写，相关人员深入职业技术教育学校、幼儿园及教育行政部门调研，通过观课议课、师生交流、专题研讨等方式，参与基于信息化环境下的学前教育教学教研活动，并适时梳理研究发现和认真总结研究成果。作为职业技术教育教材，本书力争做到全面、新颖、易学，具体体现在以下方面：

一是基础性。学习者对基本概念、理论、内容的学习是非常必要的。本书针对职业技术教育学生的特点，尽量降低理论学习难度，通过介绍学前教育基本理论和有关信息化教学活动设计的基本要素及各学科领域的典型案例，易于学生掌握基于信息化教学环境下最基本、最实用的方法。

二是前瞻性。根据《幼儿园教育指导纲要（试行）》（以下简称《纲要》）和《标准》，充分置入学前教育的前沿理念与理论，有效融入信息化教学的新技术与新资源，力求两者之间从"初步整合应用"到"深度融合创新"。

三是综合性。本书收集了大量的资料，博采众家之长。对信息化教育理论和基本技能的介绍不求高深，力避偏向某一分支；对概念、原则和方法的介绍注重其基础性和普适性；对信息技术与学前教育课程融合的介绍力求全面，试图涵盖融合问题的各个方面，以使读者对课程融合问题产生多方面、多角度的认识。

四是实践性。本书详细介绍了信息技术环境下的学前教育教学活动的准备步骤，为开展五大领域的实践探索提供了一定数量教学活动案例。整体风格不仅追求学术上的严谨，更注重实践上的可行。文字表达尽量做到深入浅出，既便于自学，也便于集中授课。

申红刚、黄威荣、王宇波、覃其波、刘宏、邹腾、田小宇、沈小康、申智龙、王彩、欧阳群等同志参与了本书的前期调研、资料收集与编写工作；贵州师范大学教育科学学院、务川自治县教育局、务川自治县中等职业学校、务川自治县中心幼儿园等多家单位为本书提供了教学活动案例；本书的编撰和出版还得益于贵州师范大学教育科学学院刘军副院长、李高祥主任、遵义市教育局职成科徐义涛科长、现代教育信息中心余新主任等领导专家的指导。在此向他们表示衷心感谢！

　　本书参考引用国内外大量资料，其中主要来源已在参考文献中列出，如有遗漏，恳请作者原谅并及时联系。由于时间仓促和能力有限，本书虽经多次修改，仍难免存在不妥与疏漏之处，恳请专家和读者指正。

编　者

关于本书的使用说明

信息化教学是以现代教学理念为指导，以信息技术为支撑，应用现代教学方法的教学。充分借助信息化媒体、资源和技术手段在学前教育中的优势作用，实现信息技术与学前教育的有效整合并逐步深度融合，是职业技术教育学前教育专业学生必修课程之一，更是广大教育工作者必备的一项基本技能。编者结合多年的培研学习经历与教学实践经验，特编著《信息化教学能力培养教程》（以下简称《教程》）。

《教程》共分八个模块，经务川自治县教育局学前教育股、教研室、信息化中心以及务川自治县中等职业学校、务川自治县中心幼儿园、贵州师范大学教育科学学院相关领导和教师参与审稿。《教程》将信息技术与学前教育有效融合，通过模块化学习的设计方式，强调"任务驱动、合作学习与活动参与"理念，突出实际操作。

《教程》的学习对象为职业技术教育学前教育专业学生，涉及信息技术环境下的教学活动设计方案、媒体选择、资源收集加工与集成开发、教学应用与评价等内容。各模块的学习设计有师生互动、小组活动、自主学习、交流讨论、活动评价、课外延伸等方式，将学习内容融入到真实情境中，使学生在体验中学习，在学习中体验，并通过"理论导学""技术导航"概括知识体系，通过"提示卡"启发学生思考。

模 块	内 容	建议课时	备 注
模块一	学习准备	8 学时	
模块二	信息化教学活动设计	8 学时	
模块三	信息化教学媒体	6 学时	
模块四	信息化教学资源获取与加工	10 学时	
模块五	信息化教学资源集成与开发	11 学时	
模块六	信息化教学案例评析	4 学时	
模块七	信息化教学评价	8 学时	
模块八	信息化教学伦理道德	3 学时	
附 录	《纲要》《标准》《评价量表》等	6 学时	建议与相应模块同步学习
	总课时	64 学时	

课程建议：

1. 在中等职业教育学前教育专业二年级开设，2学时/周。各校可视校情、教情与学情，酌情调整课时计划和选择学习内容。

2. 学习考核为百分制，即成果性作品×50%（教学设计20%＋课件15%＋微课15%）＋电子档案袋×30%＋出勤20%（上课节数10%＋讨论发帖数10%）。与本课程内容相符的各种奖励及证书，学业证明，参加的各种活动证件及成果、影音作品等，也可作为平时或期末考核成绩的一部分计入总评成绩。学分标准按学校或部门相关规定执行。

3. "主题讨论"可以建立在QQ空间、教育博客以及各地（校）自建"人人通"等网络交流平台上；"电子档案袋"可以是申请注册的百度、QQ等免费云盘。

4. 课程中的"资源包"请直接与主编联系（QQ：412076064，电话：15902621188）或扫码获取。

编 者

2017年6月

目 录

模块一 学习准备 ··· 1
    活动 1 了解学习伙伴 ·· 1
    活动 2 明确学习的方式和成果 ··· 3
    活动 3 做好学习的准备 ·· 5
    活动 4 走近《纲要》《标准》及信息化教学 ······································· 6
    活动 5 初步策划选题 ·· 7

模块二 信息化教学活动设计 ·· 9
    活动 1 了解教学活动设计 ··· 9
    活动 2 掌握教学活动设计的基本要素 ·· 10
    活动 3 了解信息化教学手段的选用 ··· 15
    活动 4 熟悉教学活动设计软件 ··· 16

模块三 信息化教学媒体 ··· 21
    活动 1 了解信息化教学媒体 ··· 21
    活动 2 了解信息化教学媒体的选用 ··· 22
    活动 3 为自己的选题选用信息化教学媒体 ·· 24
    活动 4 熟悉交互式信息化教学媒体 ··· 26

模块四 信息化教学资源获取与加工 ··· 31
    活动 1 了解信息化教学资源 ··· 31
    活动 2 熟悉信息化教学资源类型 ·· 33
    活动 3 了解学前教育信息化教学资源网站 ·· 36
    活动 4 掌握信息化教学资源的获取方式 ··· 37
    活动 5 掌握信息化教学资源的加工方法 ··· 38

模块五 信息化教学资源集成与开发 ··· 43
    活动 1 理解信息化教学课件 ··· 43
    活动 2 策划选题所需的课件结构 ·· 45
    活动 3 集成与开发课件 ·· 47

　　　　活动 4　展示与分享课件 ································· 50
　　　　活动 5　PPT 课件常用制作技巧 ························· 52
　　　　活动 6　微课的创作 ····································· 53

模块六　信息化教学案例评析 ································· 58
　　　　活动 1　学前教育五大领域信息化教学 ················· 58
　　　　活动 2　学前教育信息化教学案例评析 ················· 61

模块七　信息化教学评价 ······································ 77
　　　　活动 1　了解教学评价的新概念 ························ 77
　　　　活动 2　了解电子档案袋的设计与使用 ················· 80
　　　　活动 3　掌握 Excel 的数据与图表处理 ················· 83
　　　　活动 4　了解说课的含义与方法 ························ 84
　　　　活动 5　认识网络空间人人通 ··························· 87

模块八　信息化教学伦理道德 ································· 92
　　　　活动 1　认识信息化教学伦理道德 ····················· 92
　　　　活动 2　综合实践活动 ·································· 94

附　录 ··· 97
　　　　附录 1　信息化教学新名词 ····························· 97
　　　　附录 2　幼儿园教育指导纲要（试行） ················ 100
　　　　附录 3　中小学教师信息技术应用能力标准（试行） ··· 107
　　　　附录 4　相关模板 ······································ 110
　　　　附录 5　活动目标设计行为动词参考一览表 ·········· 114
　　　　附录 6　信息化教学评价量表 ·························· 115

参考文献 ·· 121

模块一　学习准备

学习目标

◇ 了解信息化教学的基本概念和意义。
◇ 了解《纲要》《标准》以及信息化教学与学前教育的关联。
◇ 明确学习目标及所需完成的任务，了解学习的方式和内容。
◇ 感知利用信息技术手段进行交流的方式与重要性，树立运用信息技术手段进行交流学习的良好意识。
◇ 形成学习小组，在小组活动中体验合作学习的过程，在对个人活动、小组活动评价与反思的过程中形成良好的反思习惯。

学习成果

◇ 班级师生的个人信息表。
◇ 创建班级 QQ 群、微信群。
◇ 注册免费云盘。
◇ 选题计划。

活动 1　了解学习伙伴

师生互动 1　构建学习小组

1. 组成学习小组

在这一活动中，所有学生按照男女生比例、信息技术基础以及能力异质、性格互补以及其他可能需要的帮助，在任课教师的指导下，自由选择 4～6 个学习伙伴组成学习小组。

2. 组内自我介绍

任课教师组织学生以"小游戏"或其他适当方式进行相互认识。如先由某个同学说出自己的姓名、简介家庭住址、主要成员及个人兴趣爱好等信息；然后由同组下一个同学重复前一位同学所说信息，再然后说出自己的姓名、家庭住址、家庭主要成员、个人兴趣爱好等信息；第三个同学重复前一个同学的信息，再介绍自己，活动依此进行。

游戏规则：每个同学必须先重复前面同学所说信息或是关键词语，然后再补充个人信息，且力求讲述息简明扼要、语言表述简洁清晰。

在相互认识的过程中，要尽量多地记住学习伙伴的信息，然后选出组长并为小组取一个有个性的组名，并填写表 1。

表1

学校级**班小组建构信息表

组名：＿＿＿＿＿＿＿＿＿＿　　组长：＿＿＿＿＿＿＿＿

序号	姓 名	家庭住址	爱好特长	QQ号码	微信号	手机号

3. 组长就职演说

组长结合本组同学情况、组名创意等作一个推介性、表态性的发言。

师生互动2　体验基于QQ群及电子邮件（E-mail）的交流

（1）创建班级QQ群、微信群。若有同学尚未申请QQ号、微信号，请在其他同学的帮助下申请注册并加入班级群。

（2）登录QQ聊天平台，熟悉平台功能，并尝试完成如下任务。

建构基于QQ群的小组聊天（多人聊天）　　□已完成
上传QQ共享文件　　　　　　　　　　　　□已完成
收发单个邮件　　　　　　　　　　　　　　□已完成
发送带附件的群邮件　　　　　　　　　　　□已完成
视频电话　　　　　　　　　　　　　　　　□已完成
位置分享　　　　　　　　　　　　　　　　□已完成

（3）登录微信聊天平台，熟悉平台功能，并尝试完成如下任务。

文字交流　　　　　　　　　　　　　　　　□已完成
语音输入　　　　　　　　　　　　　　　　□已完成
经典文章分享　　　　　　　　　　　　　　□已完成
体验红包发送　　　　　　　　　　　　　　□已完成
体验滴滴出行　　　　　　　　　　　　　　□已完成
推介公众号　　　　　　　　　　　　　　　□已完成

提示：如果上述任务完成有困难，请主动向任课老师或同学求助，或是上网查阅相关资料。

（4）以小组为单位并以电子文档形式填写完善表2信息，再以邮件附件方式发班级学科代表QQ邮箱，然后由学科代表汇总后转发任课教师QQ邮箱。

邮件标题：***小组基本情况。

表 2

***小组基本信息										
组名	角色	姓名	性别	家庭住址	爱好特长	信息技术基础	QQ号	微信	手机号

说明:"角色"填写组长或成员;"信息技术基础"填写差、一般、较好。

活动 2　明确学习的方式和成果

师生互动 3　了解学习的方式和成果

1. 学习目标

通过自主体验,让学生意识到信息时代应该如何更新学习观念,主动关注新媒体、新技术的发展,学会将以计算机网络为核心的信息技术应用到今后的学习生活与教学实践中。

2. 学习成果

本课程共有八个模块。通过这八个模块学习,将有大量机会与任课教师、同学交流研讨信息化教学的理论、方法和实践,并以教学活动为对象,共同探讨和体验信息化教学方法。在这八个模块中,将获得以下成果。

◎ 供后续学习活动使用的一个《信息化教学活动设计案例》(参见附录4.1),包括:一份包含活动背景、活动目标、重点难点、活动方法、活动准备、活动过程、活动反思的信息化教学活动设计方案。

◎ 与上述《信息化教学活动设计案例》相对应、供后续学习使用的 PPT 课件,以及可以是另选课题的微课和思维导图。

◎ 各种评价工具:活动设计方案评价工具、课件评价工具、微课评价工具以及优质课评价工具等(参见附录6)。

◎ 学习记录

(1)书中要求参与的专题讨论、完成的电子文档及个人电子档案袋等。

(2)试写一份说课稿、一篇教育叙事。

3. 教学方式

主要采用任务驱动式教学方式,努力贯彻"任务驱动、小组协作、人人参与"指导思想。主要基于:

首先，信息技术应用能力的实践性强，自身参与体验可降低在今后的技术应用难度，加深对信息化教学理论、方法、技艺的理解和掌握。强调通过参与活动和完成任务的方式来学习信息技术，并不表示信息技术应用能力仅仅是技能性提升与手段上的革新，重要的是教育观念转变、教学方式变革和教育模式创新。因此，信息化教学必然涉及理论、方法和技术三个层面。

其次，采用任务驱动式学习，可以让学生在完成任务的过程中更好地理解知识、掌握方法和提升技能，让理论与方法在实践中变得更加鲜活。

此外，本课程学习还采用案例教学和混合式学习等形式，通过代表性案例观摩、设计真实的活动任务等形式多样的自主学习与协作学习活动，使学生更好地领会理论与方法在实践中的价值。

 理论导学

> 1. 任务驱动式学习
>
> 是建构主义理论中的一种学习模式，它将所要学习的新知识隐含在一个或一系列的任务之中，学生通过对提出的任务进行分析、讨论、实践，明确大体涉及哪些知识，找出哪些是旧知识，哪些是新知识，并在教师的指导和帮助下找出解决问题的方法，最后通过任务的完成而实现对所学知识的意义建构。这种方式强调体验和活动参与，突破了传统理论学习的枯燥感与技术学习的机械性，学习者是在真实的应用情景中学习知识和训练能力，使理论、方法、技能与真正的应用实践有机结合并逐步深度融合。
>
> 2. 混合式学习
>
> 是在适当的时间，通过应用适当的学习技术与适当的学习风格相契合，对适当的学习者传递适当的能力，从而取得最优化学习效果的学习方式。
>
> ——美国发展训练协会学者 Singh & Reed
>
> 就是要把传统学习方式的优势和网络化学习的优势结合起来，也就是说，既要发挥教师引导、启发、监控教学过程的主导作用，又要充分体现学生作为学习过程主体的主动性、积极性与创造性。
>
> ——北京师范大学何克抗教授

4. 评价方式

一张试卷、一篇文章难以真实评判学生的学习水平。本课程更加关注学生学习的过程以及在今后的教育教学活动中能否继续用好信息技术，以促进自己的教育教学，重点将采用发展性评价的思路和方法。主要从以下几个方面进行学习评价：

◆过程性评价

（1）参与度：参与全部学习活动，包括出勤、交流讨论率的评价等。

（2）任务完成情况：完成每个模块中的任务和作业，质量比较高。

◆作品评价

（1）一份信息化教学活动设计案例及与之对应的 PPT 课件作品。

（2）一件微课作品。

（3）一件思维导图作品。

◆后续评价
(1)学分认定测评。
(2)在学习活动中应用信息技术的意识与能力。

活动3　做好学习的准备

本活动的目的是帮助学生做好学习的准备,需要在计算机网络环境下开展教学。

师生互动4　检查计算机的软硬件环境

在任课教师的帮助下,检查所用计算机的硬件、软件是否都已准备好,具体包括:
◎ 耳机是否能够正常使用;
◎ 下列软件(详见"资源包")是否已经安装并能正常使用:
(1)Novoasoft6.0组件(ScienceWord、PagePlayer等)、Microsoft Office 2016组件(Word、PowerPoint、Excel等)。
(2)网络下载工具(如迅雷、QQ旋风、维棠、狸窝等)。
(3)素材捕获工具(如snagit、优酷等)。
(4)图片处理工具(如Windows画图工具或Photoshop、光影魔术手等)。
(5)音视频加工工具(格式工厂、会声会影、EDIUS等)。
(6)音视频播放器(如QQ影音、暴风影音等)。
(7)压缩解压缩软件(如win RAR、360压缩等)。
(8)思维导图软件(如Novamind、FreeMind等)。

> **提示卡**:使用网络机房时应注意:①不私自拆装硬件配件,避免出现不必要的损坏;②不私自使用未经管理员检查的U盘、移动硬盘、智能手机等存储设备,避免传播病毒;③不私自安装软件或删除计算机上安装的软件。

师生互动5　注册免费云盘

在信息技术迅猛发展的今天,网络随处不在,注册免费云盘,就像随身携带的移动硬盘,不仅容量大,而且可方便地存储、调用信息资源。请在任课教师指导下,自主完成免费云盘的申请注册。

师生互动6　建立作业文件夹

使用合理的文件夹结构来保存学习材料,不仅能有效记录自己的学习过程和管理自己的学习成果,便于今后及时查找自己所完成的任务,继而培养良好的计算机文档管理习惯。参照图1,在已注册的"云盘"创建文件夹,建立个人学习电子档案袋;进一步熟悉班级

QQ群"文件""作业""相册"等板块功能，以便后续学习时更好地参与主题讨论、完成提交作业及上传活动相片，以更好实现过程性学习记录与评价。

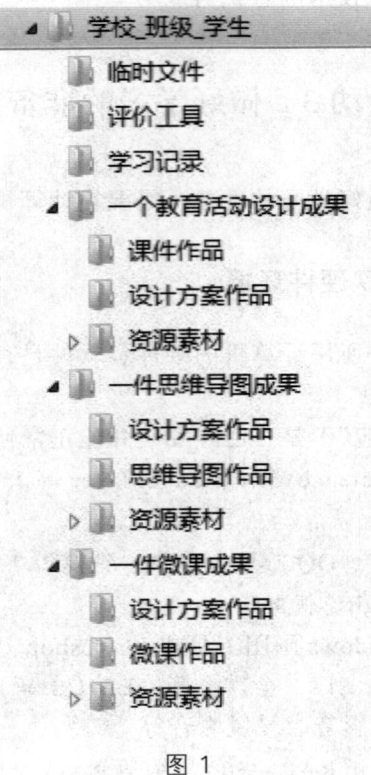

图1

> **提示卡**：新建文件切莫建立在被硬盘还原卡保护的硬盘上，也不宜建立在电脑桌面上，以免电脑系统故障而丢失相关文件材料。如果遇到什么困难，主动请求任课教师或同学的帮助，或是查阅Windows系统的帮助，抑或是通过网络查询解决。

活动4 走近《纲要》《标准》及信息化教学

本活动的目的是帮助学生了解学前教育与信息化教学之间的关系。

师生互动7 走近《纲要》《标准》

自主阅读《纲要》《标准》，并通过网络搜索浏览学前教育信息化教学相关资料，以小组讨论形式，分析、思考下列问题，并填写完善表3（要求：参与"主题讨论"；完成电子文档，上传"电子档案袋"）。

表3

《纲要》的主要内容	《纲要》实施中的问题和难点	其他意见
《标准》的主要内容	《标准》实施中的问题和难点	其他意见

师生互动8　了解信息化教学

信息化教学已成为教育领域中的一个高频词汇，但到底什么是信息化教学以及如何在学前教育领域有效实施信息化教学？认真阅读下列"理论导学"，初步了解信息化教学的内涵及在学前教育"五大领域"中的融合应用（要求：在下列横线上记录个人见解，先在小组内围绕"主题"开展讨论；然后推选小组代表收集、整理和提炼讨论意见，上传班级"主题讨论"，进一步交流分享）_____

_____。

 理论导学

信息化教学

信息化教学是以现代教学理念为指导，以信息技术为支撑，充分发挥信息化媒体、资源和技术手段在教育教学中的优势作用，实现静止图文动态化、复杂内容简明化、抽象思维直观化、学习内容趣味化、学习活动游戏化、教育资源共享化、教育手段最优化和区域教育均衡化。学前教育的教学内容具有启蒙性和广泛性，按照教学活动的范畴可相对划分为健康、社会、科学、语言、艺术等五大领域，且各领域的内容相互渗透，从不同的角度促进幼儿认知、情感、态度、能力、知识、技能等方面的协同发展。创设基于信息化教学环境下的学前教育活动，不仅引起了教学内容、教学手段的改变，也将引起教育观念、教学模式的革新。

活动5　初步策划选题

本活动的目的是帮助学生了解学前教育信息化教学活动选题，使之进一步做好选题的策划工作，以便后续模块的学习。

师生互动9　理解信息技术与学前教育活动融合课选题的依据

信息技术并不能解决教育教学中的所有问题，也不是所有的教育教学内容都适合用基于信息技术的方法来实现。在设计一个学前教育信息化教学活动时，首先需要考虑选择适当的教学活动内容，所选的课题必须要能够充分发挥信息技术媒体、资源及手段的优势，以便在教学活动实施过程中让学生丰富情感体验、拓宽认知范围和提升认知深度。

活动中，请认真阅读下列"理论导学"并参见模块六"信息化教学案例评析"，归纳出信息化媒体、资源、技术手段与学前教育活动有效整合并逐步深度融合的选题依据以及应该注意的问题（要求：在下列横线上记录个人见解，先在小组内围绕"主题"开展讨论；然后推选小组代表收集、整理和提炼讨论意见，上传班级"主题讨论"，进一步交流分享；完成电子文档，上传"电子档案袋"）_____

_____。

 理论导学

> 基于信息技术环境对教育教学活动提供的支持：创设模拟的情景、共享丰富的资源、便捷地获取与加工信息、灵活的交互方式、自如的交流协作，较好地支持学生的自主发现、自主探究和创新发展。在考虑信息技术与学前教育活动课的选题时，不仅要考虑活动目标和活动内容，更要考虑基于信息技术环境的优势所在和不足之处。

师生互动 10　初步策划选题

1. 案例观摩，初试选题

根据上面的信息技术与学前教育活动选题依据，参照模块六"信息化教学案例评析"，思考和确定选题。

2. 填写选题计划

参照"信息化教学活动设计模板"（附录 4.1），命名"***选题计划"（要求：完成电子文档，上传"电子档案袋"。建议：参照模块六"信息化教学案例评析"，深入"实习基地园"观察，征求小组意见和寻求任课教师指导，为后续学习奠定基础）。

❓ 回顾与思考（要求：先在小组内围绕"主题"开展讨论；然后推选小组代表收集、整理和提炼讨论意见，上传班级"主题讨论"，进一步交流分享。）

1. 对《纲要》《标准》如何认识？
2. 如何理解信息化教学的本质？

课外延伸

1. 回忆和反思本模块的学习过程。如果对哪一部分的学习内容仍有疑问，可借助班级 QQ 群、微信群与同学、老师进一步讨论交流。
2. 上网或到学校图书馆查阅有关信息化教学方面的资料，进一步理解信息化教学对落实《标准》、实施《纲要》的意义。
3. 利用课余时间，自主研读本书附录内容。

模块二　信息化教学活动设计

学习目标

◇ 了解教学活动设计的概念和作用。
◇ 掌握教学活动设计的基本要素。
◇ 初试学前教育信息化教学活动设计。
◇ 掌握 Microsoft Word、Science Word、Novamind 等教学活动设计软件。
◇ 在小组活动中体验协作学习的过程，理解协作的意义；在对个人活动、小组评价与反思的过程中建构反思的意识。

学习成果

◇ 一个《信息化教学活动设计方案》。这是本课程的核心任务之一，是后续媒体选择、课件创作和实施教学的基础。
◇ 一份《学年综合素质测试试卷》。
◇ 一个《主题活动思维导图》。

活动1　了解教学活动设计

师生互动1　了解教学活动设计的概念和作用

教学活动设计在教育领域并不是一个陌生的词。教学活动既需要精心的设计，又需要教师在实施过程中发挥教学机智，根据教学活动的实施情况和学生反馈灵活运用设计方案。教学活动设计是教学中必不可少的重要环节，也包含较为复杂的教学技艺。请阅读下列"理论导学"和进行计算机网络搜索，并回答下列问题（要求：参与"主题讨论"；完成电子文档，上传"电子档案袋"）。

1. 什么是教学活动设计？
2. 什么是学前教育活动设计？
3. 为什么要对学前教育活动进行设计？

　理论导学

教学活动设计的概念

教学设计是"运用系统方法，将教学理论与学习理论的原理转换成对教学目标与教学内容分析、教学策略与教学媒体的选择、教学活动的组织以及教学评价等教学环节进行具体计划的过程"。

形象地说，教学设计是为达到一定的教学目的，对教什么（课程、内容等）和怎么教（组织、方法、媒体的使用等）进行设计。
　　可见，要掌握教学设计应从三个方面去把握：要运用系统方法，即从学习需求出发，系统地全面地观察分析教学过程的每个环节，而不能孤立地去处理教学中的各个具体问题；要以教学理论、学习理论为指导，要对各个教学环节进行具体计划。
　　学前教育活动设计，顾名思义就是在遵循上述教学设计原理基础上，针对学前教育五大领域（健康、社会、语言、科学、艺术）教学内容进行的教学活动设计。
　　教学活动设计的重要性日益受到教育领域的关注。教学活动设计的要点如下：
　　（1）关注、了解教学对象；　　（2）解读、确立教学内容；
　　（3）制订、关注目标达成；　　（4）理清、确立重难点；
　　（5）选择、运用教学策略；　　（6）熟知、优选媒体资源（包括平台和技术手段）；
　　（7）策划、拟订活动流程；　　（8）反思、自省适时调整。
　　教学策略是为实现某一教学目标而制定的、付诸于教学过程的教学方法和手段，包括教学组织形式、教法、学法、环境材料及情景设计、提问设计、多媒体运用等。

活动2　掌握教学活动设计的基本要素

　　本活动的目的是帮助学生了解教学活动设计的主要环节、目标制订及教学实施等。

师生互动2　了解教学设计的主要环节

　　按照系统论的观点，教学设计是以教学需要为立足点，从确立目标出发寻找达到目标的最优途径与措施，建立起解决教学问题的一般步骤、程序和方法。作为一个教学活动设计的实践者，必须了解教学活动设计的基本流程（即解决"怎么做"的问题），以便更好地进行教学活动设计实践。
　　从前面的学习活动中，我们可能已认识到：教学活动设计是伴随着多学科的理论和技术的发展而发展起来的，作为桥梁学科的教学活动设计，起着将理论转化为实践的中介作用。
　　认真阅读"理论导学"与参见模块六"信息化教学案例评析"，探讨不同教育思想、观念指导下的教学活动设计方法及一般过程，并思考三类教学活动设计的不同之处（要求：在下列横线上记录个人见解，先在小组内围绕"主题"开展讨论；然后推选小组代表收集、整理和提炼讨论意见，上传班级"主题讨论"，进一步交流分享）_____
_____。

 理论导学

教学活动设计
教学活动设计的主要理论基础有学习理论、教学理论、系统理论和传播理论等。每一种理论都从不同的视野对教学活动设计的形成与发展产生了重要的影响。尽管教学活动设计过程模式种类繁多，但通过对其理论基础（尤其是学习理论）进行认真分析认为，教学活动设计主要包括主要面向教师"教"的传统教学、建构主义环境下的教学和"学教并重"三类教学活动设计。

1. 传统教学活动设计（面向教师的教学）
通常包括以下几个环节：
（1）教学目标分析——确定教学活动内容及知识点顺序。
（2）学习者特征分析——确定教学活动起点，以便因材施教。
（3）在上述分析的基础上，确定教学活动方法、策略。
（4）在上述分析的基础上，选择教学活动媒体资源（包括平台和技术手段）。
（5）进行施教，并在教学活动过程中作形成性评价。
（6）根据形成性评价得到的反馈，再对教学活动内容与教学活动方法、策略加以调整。

2. 建构主义环境下的教学活动设计（面向学生的自主学习）
目的是为了促进学生自主地学，设计过程一般包括：
（1）情境创设——创设有利于学生自主建构知识意义的情境。
（2）资源提供——提供与当前学习主题相关的资源（尤其是信息化教学资源），以促进学生的自主建构。
（3）自主学习策略设计——自主学习策略是引导学生自主学习、自主建构的内在因素，其作用是为了调动学生学习的主动性、积极性，以达到自主建构的目标。具体可表现为各种导学案、任务单等。
（4）组织协作学习——通过协作交流、思想碰撞、取长补短，深化学生的意义建构。
（5）组织与指导自主发现、自主探究——在建构知识意义的基础上，通过解决实际问题的发现式学习与研究性学习，进一步培养学生的创新精神与实践能力。

3. "学教并重"的教学活动设计
指在理论、方法和过程间都兼取上述两者之长并弃其所短，既突出学生的主体地位，又重视教师的主导作用，其设计过程主要包括：
（1）教学活动目标分析——确定教学活动内容及知识点顺序。
（2）学习者特征分析——确定教学活动起点，以便因材施教。
（3）教学活动策略的选择与活动设计（也可表现为各种导学案、任务单等）。
（4）学习活动情境设计。
（5）教学活动媒体资源（包括平台和技术手段）选择与教学资源的设计。
（6）在教学过程中作形成性评价并根据评价反馈对内容与策略进行调整。
在环节（3）中已涵盖建构主义的自主学习、协作学习与自主探究等策略的设计；在环节（4）和环节（5）中则包括了情景创设和资源提供的要求。

师生互动3　掌握学前教育目标的制定

目标的分析与确立，是学前教育活动设计中至为重要的环节，掌握教育目标制定的途径，更是学前教育教学活动设计面临的首要任务。认真阅读"理论导学"并参见模块六"信息化教学案例评析"，探讨教学活动目标分析、制定的重要性、主要内容及表述要素（在下列横线上记录个人见解，参与"主题讨论"）_____
_____。

理论导学

> **学前教育总目标**
>
> 目标是一切教育活动的出发点和归宿。《纲要》第一部分"总则"明确提出"幼儿园教育应尊重幼儿的人格和权利，尊重幼儿身心发展的规律和学习特点，以游戏为基本活动，保教并重，关注个别差异，促进每个幼儿富有个性的发展"。特别强调关注个别差异，促进每个幼儿富有个性的发展。

学前教育五大领域目标

《纲要》第二部分"教育内容与要求"中明确阐明了五大领域的目标，这些目标表述精练、内涵丰富，符合时代要求，是目前学前教育的工作指南。

1. 健康领域目标：身体健康，在集体生活中情绪安定、愉快；生活、卫生习惯良好，有基本的生活自理能力；知道必要的安全保健常识，学会保护自己；喜欢参加体育活动，动作协调、灵活。

2. 语言领域目标：乐意与人交谈，讲话礼貌；注意倾听对方讲话，能理解日常用语；能清楚地说出自己想说的事；喜欢听故事、看图书；能听懂和会说普通话。

3. 社会领域目标：主动参与活动，有自信心；乐意与人交往，学习互助；合作与人分享，有同情心；遵守日常生活中的行为规则；能努力做好力所能及的事，不怕困难，有初步的责任感；爱父母长辈、老师和同学，爱集体、爱家乡、爱祖国。

4. 科学领域目标：对周围的事物、现象感兴趣，有好奇心和求知欲；能运用各种感官，动手动脑，探究问题；能用适当的方式表达、交流探索的过程和结果；能从生活和游戏中感受事物的数量关系并体验到数学的重要和有趣；爱护动植物，关心周围环境，亲近大自然，珍惜自然资源，有初步的环保意识。

科学领域目标的表述让我们认识到，科学教育不再只是注重静态知识的传递，而更注重幼儿情感态度和探究解决问题的能力、与他人积极交流与和谐相处的能力。

5. 艺术领域目标：能初步感受并喜爱环境、生活和艺术中的美；喜欢参加艺术活动，并能大胆地表现自己的情感和体验；能用自己喜欢的方式进行艺术表现。

上述五大领域的目标内容，从不同的角度提出了促进幼儿在情感、态度、能力、知识、技能等方面的发展，而且各领域之间是相互渗透、相互促进的；健康领域是幼儿成长的基础；语言领域是幼儿交往、提高认知水平的基本条件；社会领域是幼儿发展的必要部分；科学、艺术领域是培养幼儿全面素质的重要方面。

 理论导学

制定学前教育目标的要求及实现途径

一、制定学前教育目标的要求
1. 科学地分解目标；
2. 目标的涵盖要全面；
3. 目标要有连续性和一致性；
4. 目标要能适时调整。

教育虽然是目的性、计划性很强的活动，但也有很大的情景性和灵活性。因此，幼儿教师要及时发现日常生活中的教育因素和价值，及时调整教育计划。

二、实现学前教育目标的途径
1. 教师是实现教育目标的重要保证

幼儿教师要树立正确的教育观，设计学前教育活动必须遵循"目标在前，活动在后"的原则。

2. 一日活动是实施学前教育目标的主要途径

教师要有目的、有计划地将体、智、德、美全面发展的教育内容渗透于幼儿的一日生活的各种活动之中，体现生活即教育、教育生活化的思想。

（1）生活活动：指幼儿园一日生活中的进餐、饮水、睡眠、盥洗、如厕等，几乎占据幼儿的一半时间，这也是幼儿园与其他阶段教育的主要区别之一。

（2）区域活动：又称活动区（活动角）活动，指幼儿在活动区内进行的以游戏为主的活动，是幼儿在园一日生活中的主要活动之一，是满足幼儿不同兴趣和需要的良好途径。通过区域活动，可满足幼儿交往的需要，丰富幼儿的生活经验，让幼儿勇于尝试和探索，培养幼儿积极的活动态度，促进幼儿创造性和个性的发展（常见的活动区有：角色游戏区、积木区、音乐角、嬉水区、沙池区、科学区、语言角、美工区、故事角、图书区等）。

（3）教育活动：是指由教师依据目标专门设计组织的有目的、有计划的活动，它在促进幼儿的全面发展中具有重要作用，是幼儿在园一日生活中的重要内容之一。它的任务是教师利用幼儿园以及周围的环境资源，有目的地选择教育内容，灵活地运用多种活动形式、方法和手段，鼓励幼儿主动参与，积极探索周围的世界，使幼儿的身心得到全面发展。教育活动主要包括教学、节庆、做操、劳动、运动会等。

3. 创设良好的环境是实现学前教育目标的基本条件

幼儿园的环境主要包括物质环境，如园舍、玩具、活动场地及录音机、电视机、计算机、平板电脑以及与之配套的网络平台；同时也包括精神环境，如教师对幼儿的态度、情感、教师之间人际关系等。教师创设和谐的精神环境和良好的物质条件，控制各种不利因素，可以保证幼儿顺利、健康地发展。

4. 与家庭、社区的合作也是实现学前教育目标的必要手段

无论是哪一层次的活动，教师要做到"心中有目标"。既关注幼儿科学、社会、艺术等各种经验的获得，又关注经验获得的方法与技能；既关注幼儿能力的提高、潜能的开发，又关注情感的表达、个性的塑造。目标的实现是自然、流畅的，每一个"即时目标"的达成，都是以"中、长期目标"（或阶段目标）为方向；目标又是可调整、可生成的，教师要不断分析幼儿的各种行为，接纳幼儿生成的各种有价值的信息，适时调整自己的预设目标。最终为幼儿的全面发展、个性发展和终身发展奠定良好的基础。

师生互动4　学前教育教学活动的设计与实施

活动设计的最终目的是为了有效促进学习者参与活动和有效学习。因此，设计的教学活动必须有周密的计划。

认真阅读"理论导学"并参见模块六"信息化教学案例评析"，探讨学前教育活动设计与实施应该注意的问题（要求：在下列横线上记录个人见解，先在小组内围绕"主题"开展讨论；然后推选小组代表收集、整理和提炼讨论意见，上传班级"主题讨论"，进一步交流分享）_____

_____。

 理论导学

学前教育活动的设计及实施
一、学前教育活动的设计 （1）活动名称：*** （2）活动目标：期望幼儿通过活动达到的目标。目标的制定一定要根据幼儿的年龄特征和认知基础，重点突出、目标明确、操作性强。一般包括： ① 情感目标（情感态度）：是对幼儿情绪、体验、对待活动的一种态度的关注。

②能力目标（能力发展）：是动手、口语、表演等一种或多种相对稳定的能力特性。

③认知目标（认知学习）：是掌握一定知识、技能和行为举止的学习目标。

（3）活动准备：通常要根据幼儿园的现实状况及幼儿的年龄特征等方面去准备。

①经验准备。如幼儿学画小动物，就应该到户外去参观。然而户外参观却存在安全隐患，加之部分动物的生活环境特殊，孩子们无法观看，于是就可通过播放动物图片或视频让孩子们观看，以加深他们对动物的了解。

②活动的环境、材料及信息化媒体资源准备。

（4）活动过程：主要体现活动实施结构和步骤。一般包括：

①开始部分，又称为导入部分。主要目的是集中幼儿的注意力，激发幼儿的学习兴趣，可以通过传统的猜谜语、讲故事、出示教具等方式展开，亦可借助信息化手段播放图片、音乐、视频或动画短片。这一阶段，教师的主要作用是提出问题，为启发幼儿的思考和下一步的活动做准备，强调自然导入，时间不宜过长。

②基本部分，是完成各项活动的主要过程。可采用不同的方法和形式，如操作实践、讨论交流、实物临摹、视频模仿、自主活动等。要求围绕目标、循序渐进、层次清楚，这一部分的时间相对较长。

③结束部分，主要是归纳整理本节次活动的内容。在这一环节中，教师可以进行整个活动评价、小结或展示活动成果，也可让幼儿参与归纳整理、总结和评价。这里的归纳总结，可充分借助多媒体方式进行呈现或展示。结束部分时间不宜过长，若有未完成或其他相关内容，可利用其他时间继续进行，即延伸活动。

（5）活动反思：一般是在活动结束后由教师本人对整个活动过程进行自主反思，也可是由其他教师对任课教师给予客观评价。主要从目标制定的合理性、科学性、准确性以及活动过程中的方法运用、环节衔接、师生互动、幼儿活动及媒体选用效果等方面进行分析、评价、记录。活动反思可以是全面分析，也可是有侧重点的分析。

二、学前教育活动的实施（参见《制定学前教育目标和要求及实现途径》）

（一）幼儿在园活动

1. 活动的种类

（1）生活活动

（2）区域活动

（3）教育活动

2. 组织幼儿活动的基本形式

（1）集体活动：教师直接指导、全班幼儿统一活动。我国幼儿园受传统教育模式影响，此形式最为普遍、效率也较高。

（2）小组活动：随着幼儿年龄增长，小组活动备受幼儿欢迎。常见分组方法：①由教师按幼儿的能力强弱、男女比例、年龄大小、个性特征等进行分组；②幼儿自找伙伴，自由建组，适合大班；③按兴趣自然结成小组；④随活动进程临时编组。

（3）个别活动：教师个别指导幼儿或幼儿自发、自由的活动，易于因材施教、个性张扬和特长发展。常见个别活动有：①幼儿来园后、离园前的自由活动时间；②早操、早餐、游戏、参观、郊游等；③角色游戏、活动区活动。

（二）环境创设

1. 环境创设的内容

（1）物质环境的创设。

（2）精神环境的创设。

> 2. 环境创设的原则
> （1）适宜性原则：符合幼儿年龄特征及身心健康发展需要，促进每个幼儿全面、和谐发展。
> （2）安全性原则：要让幼儿感到受欢迎、尊重、信任和有安全感，能够得到爱和感受温暖。
> （3）参与性原则：要充分体现师生的共同合作和广泛参与，一方面可以发展幼儿的主体意识，另一方面培养幼儿的责任感，此外还可培养幼儿的合作精神。因此，在环境创设的过程中，要尽可能地采纳和吸收幼儿的建议并邀请幼儿更多参与。
> （4）开放性原则：即要打破幼儿园封闭的小环境，主动与外界结合，选择和利用一切环境中有价值的教育资源，尤其是与家庭、社区以及计算机网络环境合作，优势互补，在一个开放的环境中培养适合新时代要求的幼儿。
> （5）经济性原则：注意环境创设的目的性、多用性和实用性，力争因地制宜、因陋就简和够用即可。
> （6）交互性原则：借助信息化媒体资源和技术手段，创设图文并茂、声情并茂和人机交互的活动情景，让孩子们在轻松愉悦的活动氛围中学习知识和增长见识。

活动3　了解信息化教学手段的选用

本活动的目的是帮助学生了解学前教育信息化教学手段的选用优势、遵循的选用原则和常见的选用方法。

师生互动5　了解信息化教学手段的选用

信息化教学将抽象的文字、单调的声音、静态的事物丰富为图文声并茂的教学情景，将教育活动内容传授的人性化放在了核心位置，有效激发幼儿的学习兴趣与参与热情，是构建"以生为本"的新型教学模式（要求：在下列横线上记录个人见解，参与"主题讨论"）

_____

_____。

 理论导学

> **学前教育活动中的信息化教学手段选用**
>
> 从生理角度而言，幼儿的第一信号系统占优势，事物、语言和概念之间的关系是幼儿认识的重点。无论选用传统还是信息化教学手段，都要充分考虑活动特点、幼儿的年龄特征及认知规律，并切实注重幼儿的形象思维与动手实践相结合，切实注重多种手段的优化组合以及选用时的适时、适度和适量。
> 一、传统教学手段选用
> 1. 观察实物、标本，实地参观，做小实验。
> 2. 观察图片、图书、玩具、模型、贴绒教具、沙盘等。
> 3. 观看幻灯、视频、多媒体课件。
> 4. 感知教师形象、生动、准确的语言描述。
> 5. 师生双边活动（表演、示范、姿态和语态）。

> 二、信息化教学手段选用
> 1. 信息化教学手段的优势
> 通过计算机多媒体、交互式电子白板、虚拟现实（VR）、物联网技术等现代信息化教学手段，最终实现：
> （1）微观虚拟与现象模拟；（2）意境重构与时空跨越；（3）活动要点与技术整合；（4）人机交互与人文交融；（5）多样呈现与综合刺激；（6）功能优化与环境净化。
> 2. 使用信息化教学手段应遵循的基本原则
> （1）目标性原则；（2）科学性原则；（3）优化性原则；（4）实效性原则；（5）融合性原则。
> 3. 学前教育常用信息化教学方法
> （1）录音的选用：① 听音训练法；② 创设音效情景法；③ 跟读训练法。
> （2）录像的选用：① 音像示范法；② 声像情景创设法；③ 电视教育法。
> （3）计算机多媒体的选用：① PPT 课件（讲演法，引导教学法，逐次显示法，声画同步教学法）；② 交互式信息化教学媒体（视听情景创设法，仿真实验法，人机交互法）；③ 计算机网络教室（网络游戏法，虚拟现实（VR）法，视听教育法）。

实操训练：进一步修订完善仿"附录 4.1"的教学活动设计方案（要求：完成电子文档，上传"电子档案袋"）。

活动 4　熟悉教学活动设计软件

本活动的目的是帮助学生认识 Science Word、Novamind 等教学活动设计软件，掌握基本操作技能并熟练进行教学活动设计。

师生互动 6　熟悉 Science Word 科技文档编写软件

一、认识 Science Word

Science Word 即科技文档字处理软件，是我国具有完全自主知识产权，在编写讲义、试卷、科技论文等方面独占优势的科技文档处理系统。它成功解决了公式、图形、曲线、符号和文字的混合编排，填补了全球文档处理软件的一项空白。它还赋予数学公式、几何图形、函数曲线、物理电路、光学仪器、化学分子式等以行为逻辑并完全实现文字流化。

二、Science Word 软件下载安装（网址：http://www.novoasoft.com/）

三、Science Word 的窗口组成（图 2）

四、Science Word 的主要功能学习

1. 拼音标注：选中文字→点击"插入"菜单→点击"拼音"子菜单→点击"自动标注

拼音"子菜单→选择正确拼音→点击"确定"。

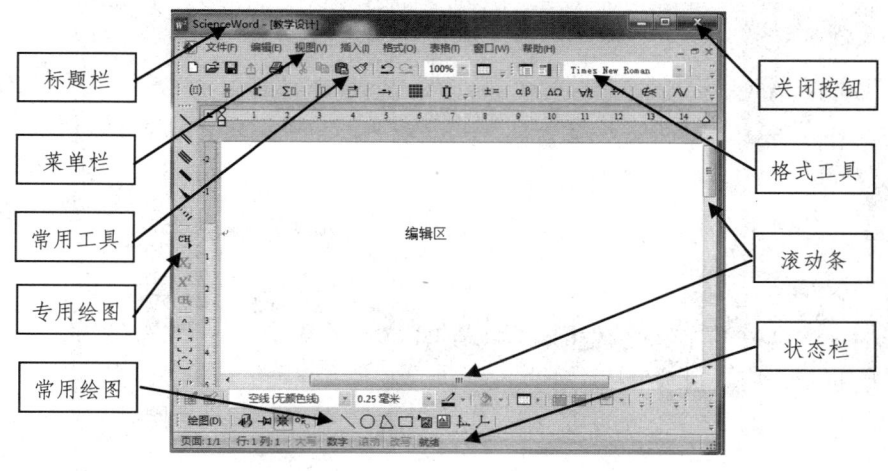

图 2

2. 汉字笔画：点击"插入"菜单→点击"汉字笔划与动画显示"子菜单→左键拖放→右键→点击"属性"菜单→选取文字→进行设置→点击"确定"。

3. 常用数学公式：点击"插入"菜单→点击"常用公式"子菜单→逐一录入信息。

4. 算术竖式：点击"插入"菜单→点击"算术竖式"子菜单→编入公式、设置属性→点击"确定"。

5. 理化实验绘图：点击"绘图"按钮→选择"化学、物理元器件"工具→左键拖放→右键→点击"属性"菜单→进行相应设置→点击"确定"。

6. 试卷制作：点击"格式"菜单→点击"试卷模板"子菜单→进行相应设置→点击"确定"；点击"插入"菜单→点击"题型"（选择题、判断题、填空题、解答题等）。

五、Science Word 的实操训练

仿照"附录 4.2"，尝试利用 Science Word 自制一份学年综合素质测试试卷（要求：完成电子文档，上传"电子档案袋"）。

师生互动 7 熟悉思维导图编写软件

思维导图又叫心智图，是表达发射性思维的有效的图形思维工具。思维导图利用记忆、阅读、思维的规律，运用图文并重的技巧，构建以主题或知识点为思维中心，以提炼关键词的方式，以放射性的网状结构，运用可视化的呈现技巧，把相互隶属与关联的学习内容通过层级图示表现出来，有助师生建立记忆链接、开启大脑潜能、优化识记过程和提高学习效能。

一、思维导图的界面（图 3）

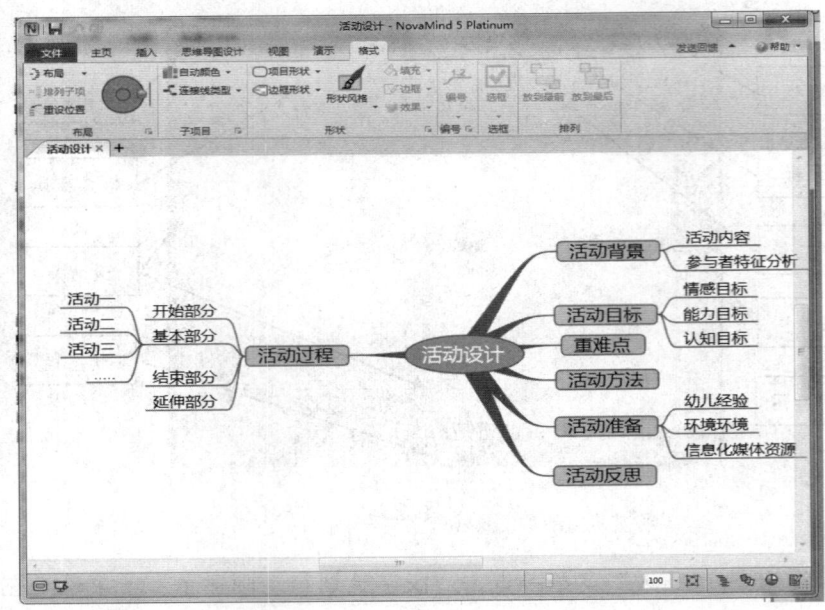

图 3

二、思维导图的结构

1. 中心点：即教学重点或关键点，常置于页面中间位置，以粗体字或图形高度概括地呈现表达；

2. 分支线：是中心与分支的桥梁，每个中心点映射的分支线一般不大于 7 条，每条只有 1 个关键词，还要注意字压线、线相连和条理顺序；

3. 关键词：是理解与记忆学习内容的关键，也是绘制思维导图的核心，通过联想和想象，使用归纳与总结，一般不超过四个字，也可采用便于师生记忆的色彩、图形和符号元素等；

4. 个性标识：通过"♀（思考）、♂（转移）、*（重点）、?（查询）、=（强调）"等标识性图形形成独特的思维风格，还可以使用数字、箭头等辅助性标识。

三、思维导图的绘制

1. 绘制方法：手绘和电脑绘制，本课程重点推介电脑绘制。

2. 基本要素：主题或中心、关键词、连线、图标和色彩。

3. 绘制软件：Novamind、Xmind、FreeMind、百度脑图、思维导图APP 等。

4. 绘制过程：点击"文件"菜单→点击"新建"子菜单→输入"中心主题"文字→然后依次"添加"：1 级分支线、关键词→2 级分支线、关键词……。

5. 其他提示：善用连线、颜色、图形等表示。

四、阅读下列"理论导学",思考并简要填空

遵循的基本流程:_____。
关键词的选取方法:_____。

 理论导学

思维导图的绘制要点

思维导图是以图文并茂的形式将想法"画出来"的思维工具。其绘制方法一般有两种,即手绘和电脑绘制,本教程主要学习电脑绘制。

先安装并启动一款专用绘制软件(如:Novamind、Xmind、思维导图APP等),从页面上的"新建思维导图"或"中心主题"输入中心主题或画出关联图案,然后绘制分支线,再思考引出支线所对应的关键词或主要观点,然后画出下一个分支线,最后再整理各分支内容,且要善于用连线、颜色、图形等表示。其绘制要点:

1. 遵循基本流程:确立问题→整理知识→制作主干→建立专题→分解任务→协作绘制→比对评价→总结迁移。

2. 有效选取关键词:一是"点",即是标题、题目、开头等位置用的关键词,一般具有高度概述性和目标性;二是"线",是指段落、过程中的关键词,一般选用过程性、动作性、趋势性和推理性的词汇;三是"面",即是各段落衔接中的关键词,一般选用时间、地点、顺序性和判断性词汇;四是"体",即是文章整体、综合、系统性关键词,一般选用归纳性和概述性的词汇。

关键词的选取是一个集中、聚焦、联想的过程,应该具有概括性、层次性、独特性和具象性。

3. 注重规范性和可视化

(1)主干不超过7条:心理学家研究发现,人类的记忆遵从7±2效应,也就是对于一些事物,数量在7个单位模块以下的时候容易识记,当超过7个时就很容易遗忘。因此,思维导图的绘制,主干一般不超过7个,有助于理清思路和有利学习记忆。

(2)力争图文并茂:图像易于吸引眼球、引发注意、触发联想和辅助记忆。只要有可能就要优选图像,以在视觉和语言之间建立刺激平衡,从而改善视觉感触力。

4. 应对思维阻滞:面对绘制过程中可能出现的暂时思维障碍,可采取如下措施。

(1)绘制空白线条,或许就会在无限的联想力帮助下"茅塞顿开"。

(2)提出思考问题,迫使大脑去思考,引发一些打破思维障碍的反应。

(3)增加图形图像,进一步触发联想和增大记忆的可能性。

(4)保持联想意识,让大脑处于自由状态,而不是受制于既有的习惯。

(5)连线粗细有致,通过线条粗细来增强视觉兴趣。通常中央的线条要粗一些,以向大脑发出强调性的信号。

5. 教学应用:针对主题教育活动、梳理记忆思维导图,把看似分散的活动节点连成线、结成网,使焦点更集中、层次更分明、规律更可循、思维更清晰、形态更可视,更好地增进知识理解、建立记忆链接、优化知识记忆、轻松学习负荷和倍增学习效益。

五、选用一款思维导图专用软件并仿照"附件4.3",设计并绘制一个主题活动思维导图。

❓ 回顾与思考(要求:先在小组内围绕"主题"开展讨论,然后推选小组代表收集、整理和提炼讨论意见,上传班级"主题讨论",进一步交流分享。)

1. 什么是教学设计?
2. 学前教育活动设计的一般过程应包括哪几个主要环节?
3. 学前教育五大领域目标是?

课外延伸

1. 回忆和反思本模块的学习过程。如果对哪一部分的学习内容仍有疑问,可借助班级QQ群、微信群与同学、教师进一步交流。
2. 预习模块三关于教学媒体应用的内容,思考选题的教学活动设计方案中需要运用媒体的内容及其应用形式。

模块三 信息化教学媒体

学习目标
◇了解信息化教学媒体的概念、特性、作用和分类。
◇分析信息化教学媒体在学前教育活动中运用的特点。
◇能够依据活动内容与幼儿的认知特点合理选用信息化教学媒体。

学习成果
◇一份信息化媒体在教育教学活动中的选择分析表。

活动1 了解信息化教学媒体

本活动的目的是帮助学生了解信息化教学媒体的概念、特性、分类及在教育教学中的优势作用。

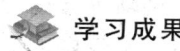 了解信息化教学媒体的概念、特性和分类

人类已进入信息化社会。信息技术已被广泛运用到教育教学中。

 理论导学

信息化教学媒体的概念、特性和分类

1. 概念：指直接介入教学活动过程，用来承载、加工、传递和呈现教育信息的信息技术媒介或工具。通常由硬件、软件、网络平台和教育资源四个要素组成。
2. 特性：通过画面、明暗、色彩、音响等元素刺激孩子的视听器官，实现事物由表及里、化静为动、化快为慢等方式转变，提高教学活动的表现力和感知力。
（1）表现性：指具有表现事物的形状、大小、方位、顺序、节奏等时空特性及空间位移、形状变换等运动特征。
（2）重现性：指具有不受时间、空间限制，把历史的、过往的信息重新再现。
（3）参与性：提供孩子随时暂停而进行提问、思考和讨论的机会，行为参与机会增多，同时也因丰富多彩的情景创设，最大限度地诱发幼儿的活动参与激情。
（4）集成性：能够对信息进行多通道统一获取、存储、组织与合成。
（5）控制性：指以计算机为中心，综合处理和控制多媒体信息，并按人的要求以多种媒体形式表现出来，同时作用于人的多种感官。
（6）交互性：实现人机交互的互动环境，营造身临其境、交流互动的教学场景。

（7）实时性：当用户给出操作命令时，相应的多媒体信息都能够得到实时控制。
（8）便捷性：用户可以按照需要、兴趣、任务要求和认知特点随意选用信息。
3. 分类：信息化教学媒体分类较多，依据作用于人的感官可以分为以下几点。
（1）听觉媒体：包括 CD、MP3、计算机及相应教学软件等。
（2）视听觉媒体：包括 MP4、投影、计算机、IP 以及相应教学软件等。
（3）综合媒体：包括电脑＋投影、电脑＋投影＋交互式电子白板、交互式触摸电视一体机以及相应教学软件、网络资源平台。

师生互动 2　理解信息化教学媒体的作用

伴随着信息技术的迅猛发展，信息化媒体、资源、技术手段在教育教学中得以快速普及和广泛应用，极大弥补了传统教学在情景创设、意境重构、时空跨越、思维创新等方面的不足，奠定师生"教与学"的技术基础，实现信息技术与课堂教学的深度融合，也较好助推学前教育的深刻变革。因此，理解信息化媒体、资源、技术手段在学前教育活动中的优势作用，于身处信息时代的幼儿教师自然是必备技能之一，并将使教学活动更加丰富多彩。

 理论导学

信息化教学媒体在教育教学中的应用

教学活动是一个复杂、动态的过程，随着活动内容、对象、方法的不同，信息化教学媒体所起的作用也会有所区别。对于同一种媒体而言，由于使用方式的不同，对所要实现的活动目标产生的作用也可能会不一样。更何况各种媒体都有自己的优缺点，适应任何活动目标、内容、对象或教学策略的最优教学媒体实难寻找。当然，对于某些具体的教学活动目标来说，还是存在某种媒体或是综合性媒体或是媒体的综合性功能，能使教育教学活动效果明显提升。我们将信息化教学媒体在教学中的作用梳理如下：
（1）提供事实与例举验证，建立整体概念；
（2）提供示范与呈现过程，形成直观表象；
（3）演绎原理与展示事例，拓展思辨空间；
（4）微观虚拟与现象模拟，增强感性认知；
（5）意境重构与时空跨越，激发思维火花；
（6）节点寻找与要素整合，突破重难疑点；
（7）人机交互与人文交融，突显主体地位；
（8）多样呈现与综合刺激，唤起情感共鸣；
（9）功能优化与环境净化，演绎生态课堂。
在上述教学媒体作用的表述中，均采用了并列的句型：前半句表示媒体的使用目标，后半句表示媒体在教学中能够起到的作用。

活动 2　了解信息化教学媒体的选用

本活动的目的是帮助学生了解信息化教学媒体选用的理论基础及选用依据和原则。

师生互动3 了解信息化教学媒体选用的理论基础及选用原则

通过前面的学习，学生已认识到信息化教学媒体是多种多样的，不同的教学媒体有不同的特点，在教学中也有不同的作用，并不是所有媒体都符合任何领域、任何活动内容。作为未来的幼儿教师，必须知道如何选择媒体，使之适合自己设计的教学活动，进一步优化教育活动过程和提高教学活动效果。

 理论导学

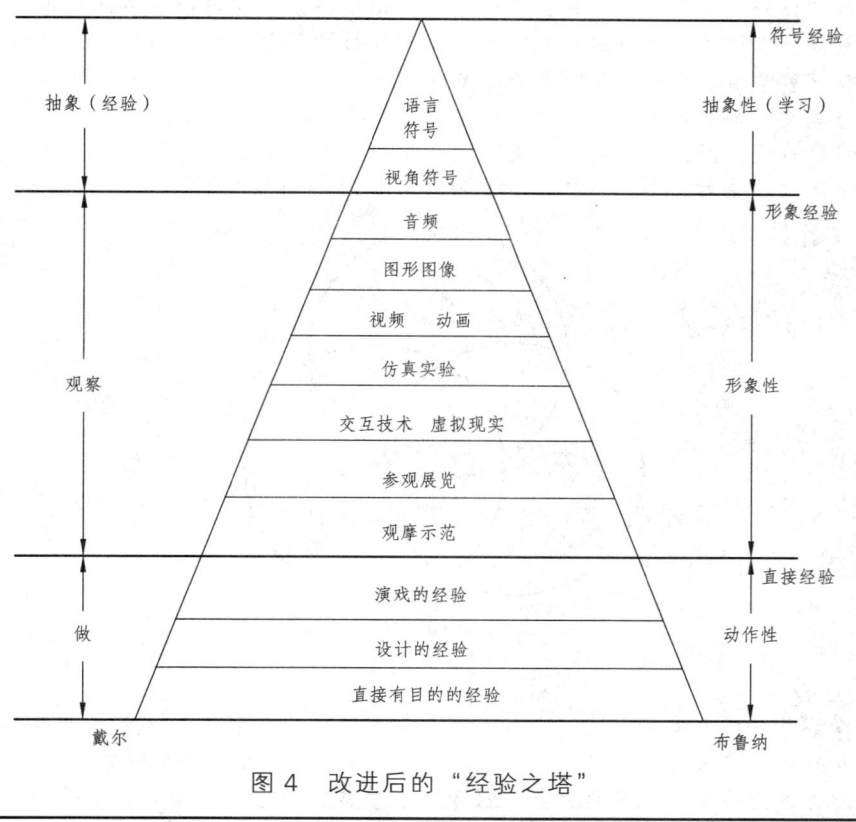

图4 改进后的"经验之塔"

 理论导学

选用信息化教学媒体的依据和原则

一、选用信息化教学媒体的依据

1. 依据活动目标。每个活动都有具体的达成目标，为达到不同的活动目标常需要使用不同的媒体去传递教育教学信息。

2. 依据活动内容。各领域的性质不同，适用的教学媒体会有所区别；同一领域内各单元内容不同，对教学媒体的使用也有不同要求。

3. 依据活动对象。不同年龄阶段的孩子对事物的接受能力不一样，选用教学媒体时必须顾及孩子们的年龄特征和认知规律。

4. 依据活动条件。活动中能否选用某种媒体，还要看当时当地的具体条件，其中包括资源状况、经济能力、师生技能、使用环境、管理水平等因素。

二、选用信息化教学媒体的原则

1. 最优选用原则

美国传播学家施拉姆提出的决定媒体选用几率的公式，是选用媒体的很好依据，如下：

$$媒体选用的几率(P) = \frac{媒体的功效(V)}{需付出的代价(C)}$$

2. 有效信息原则

从戴尔的"经验之塔"可以看出，各种教学媒体所提供的学习经验层次是不同的：有的属于具体的经验，有的属于代替的经验、有的属于间接的经验，有的则属于抽象的经验。因而，不同的教育教学活动应选择不同的教学媒体或是多种媒体组合来呈现。或者说，不同的教学媒体适合表现不同的学习内容。幼儿的认知结构不仅与年龄有关，更与他们的生活经验、思维发展的程度有关。因此，只有当所选择的教学媒体所反映的信息与幼儿的认知基础以及教学内容有一定的重叠时，教学媒体才能有效发挥作用，如图5所示。

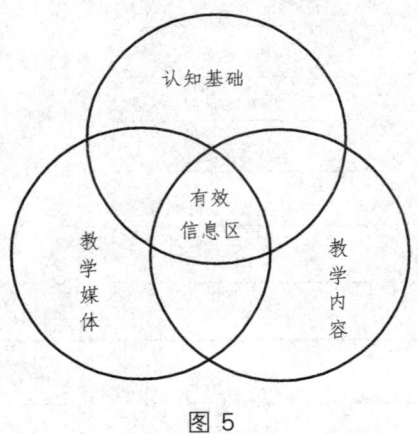

图 5

3. 优化组合原则

各种教学媒体均有各自的优点，也有各自的局限性，没有一种可以适合所有教学情况的"超媒体"。多种教学媒体的有机组合，将会扬长避短、优势互补，取得整体优化的教学效果。信息化教学媒体的组合要以取得好的教学效果为出发点，而不只是形式上的叠加。

活动 3 为自己的选题选用信息化教学媒体

本活动的目的是帮助学生分析了解信息化教学媒体选用的方式、时机及与之相关的其他问题。

| 师生互动 4 | 分析活动设计方案所需要的信息化教学媒体 |

结合"理论导学"与个人理解,填写完善下列"信息化教学媒体选择分析表"。

 理论导学

信息化教学媒体的运用方式及使用时机

一、运用方式
(1)设疑—演示—讲解。
(2)设疑—演示—交谈。
(3)讲解—演示—概括。
(4)讲解—演示—举例(或交谈)。
(5)演示—提问—讲解。
(6)演示—交谈—总结。
(7)边演示、边讲解。
(8)边演示、边交谈。
(9)学习者自己操作媒体进行学习。
(10)自定义(注重优势功能、优秀工具和优质资源的综合运用)。

二、运用时机
(1)幼儿的心理状态由有意注意向无意注意相互转化时。
(2)幼儿的心理状态由抑制向兴奋转化时。
(3)幼儿的心理状态由平静向活跃转化时。
(4)幼儿的心理状态由兴奋向理性转化时。
(5)幼儿的心理状态进入"最近发展区",进入更高的学习状态时。
(6)鼓励与激励幼儿的未知欲望时。
(7)鼓励幼儿克服畏难心理、增强信心时。
(8)满足幼儿表现成功的欲望时。

三、注意问题
随着信息技术尤其是互联网技术在教育教学中的广泛应用,信息化媒体资源与技术手段已深入各个层次的教育教学活动,学前教育自不例外,并在实践中不断推陈出新。但如果运用不当,只是流于形式,不仅不能真正发挥优势作用,也给广大教师增加很多负担。要科学地运用信息技术,应该在教学实践中注意以下问题:
(1)明确教学媒体使用的目的:运用教学媒体的目的是促进孩子们的学习,因此教师要深入分析教学中存在的问题,并围绕教学问题的解决而选用媒体,切忌盲目选用。
(2)立足于正确的媒体观:在选用媒体时,要以实现教学活动目标为第一需要。
(3)注重教学媒体运用的规范性。
(4)体现教学媒体运用的创造性。

信息化教学媒体选择分析表(要求:完成表 4 电子文档,上传"电子档案袋")。

表 4

知识点	活动目标	媒体类型	使用方式	教学作用	所得结论	占用时间	媒体来源

活动4　熟悉交互式信息化教学媒体

本活动的目的是帮助学生认识了解、熟悉掌握具有代表性的交互式信息化教学媒体——交互式触摸电视电子白板"班班通"。

随着信息技术的迅猛发展，作为一种新兴的班级终端交互式信息化教学设备——交互式触摸电视电子白板"班班通"（以下简称"班班通"）顺势而生。它是在扬弃与优化传统多媒体教学功能的基础之上，并在专用软件平台支持下，构建了"一张屏"（电子白板或电视触摸屏）、"两整合"（信息技术本身的深度整合、班班通与课堂教学的有机整合）、"三交互"（师生交互、生生交互和人机交互）的教学活动新环境。班班通的有效应用，弥补了传统教学在情景创设、意境重构、时空跨越、人机交互、思维创新等方面的不足，实现信息技术与教学活动的深度融合，助推教育教学的深刻变革。

师生互动5　熟悉班级终端交互式教学多媒体设备——班班通

一、交互式触摸电视一体机（以 SCT BOARD V3.0 为例）

1. 硬件构成及触控手势（图6）

图6

2. 各种接口及功能键（图7）

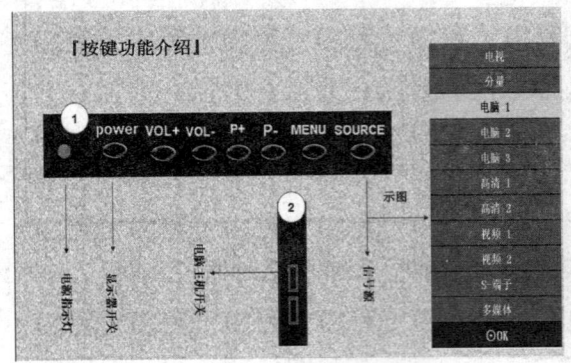 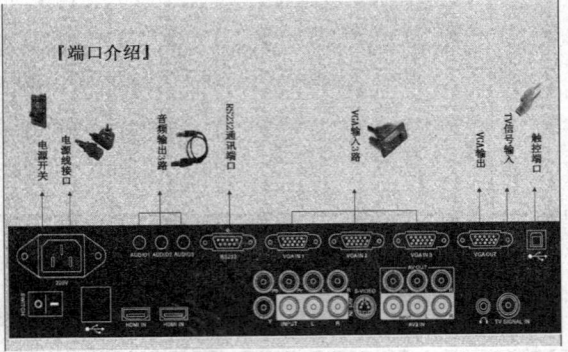

图7

3．开机顺序
（1）打开大屏总电源按钮，机器指示灯呈现红色；
（2）按下 POWER 键（机器指示灯由红灯转为绿灯），大屏点亮；
（3）按下机器右侧红色按钮"PC POWER"（电脑启动）；
（4）机器开启，等待可正常触控，即可使用。

4．关机顺序
（1）点击桌面 开始 按钮，选择 关闭计算机，等屏幕显示"无信号"；
（2）按下 POWER 键（大屏指示灯由绿灯转为红灯）；
（3）若非正常关机导致下次开机异常，可借助键盘选择"正常启动"。

5．软件安装及注册（图8）

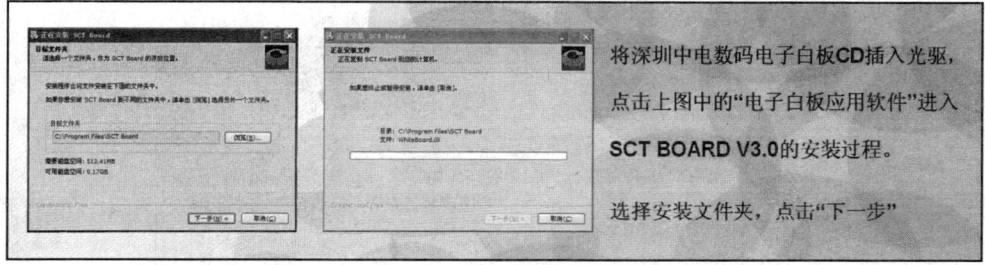

（a）

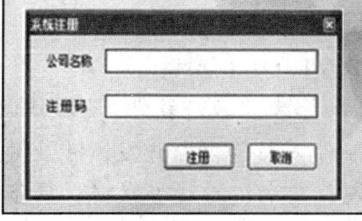

（b）

图8

6．软件模式切换（图9）

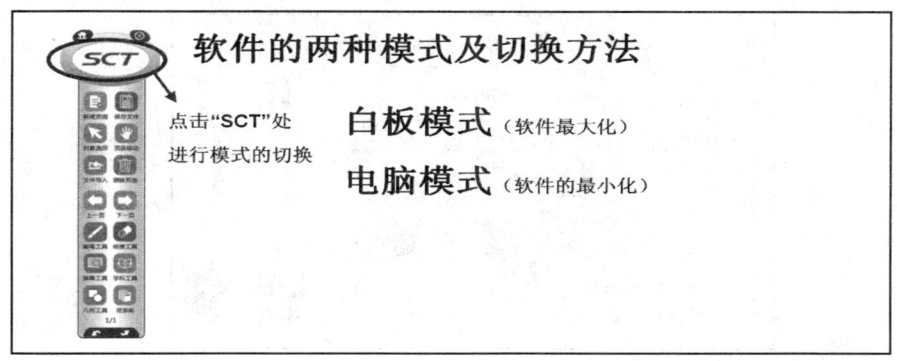

图9

7. 学科工具、教学资源的运用（图10）

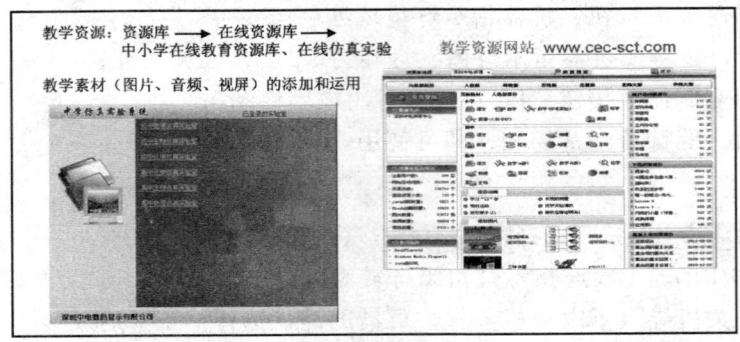

图 10

8. 与PPT课件的结合使用（图11）

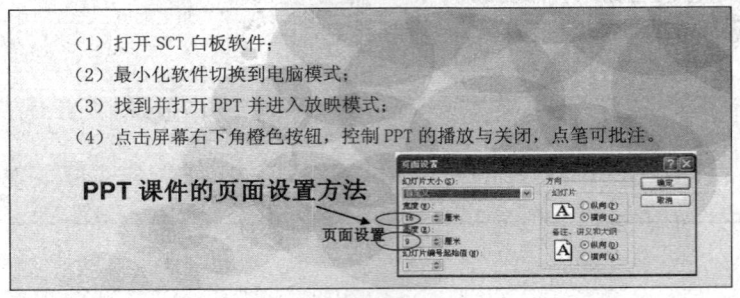

图 11

9. 专用资源平台：SCT儿童学习乐园（SCTKidSoft V1.0.0.0 Install）

　　SCT儿童学习乐园是一款专门为2~10岁儿童开发的专业多媒体教育软件。资源均以《幼儿园教育指导纲要（试行）》为指导，由一线教师、多媒体制作人员等合力开发．涉及健康、语言、社会、科学、艺术等学习领域；内容包涵视频、音频、文字、游戏等素材；具备听、说、写、练、看等特点，是一套培养孩子体、智、德、美等多方面能力的好工具。

二、交互式电子白板（以印天IntechBoard为例）

1. 硬件构成（图12）

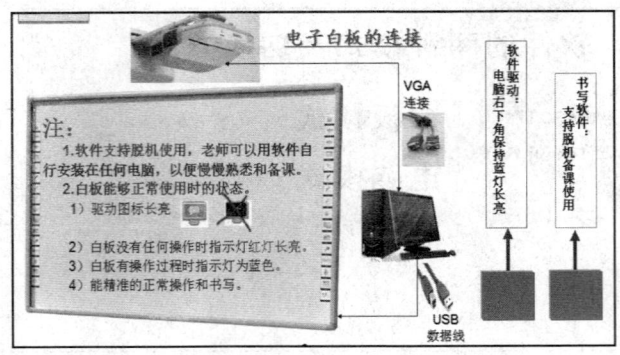

图 12

2. 屏幕定位（图 13）

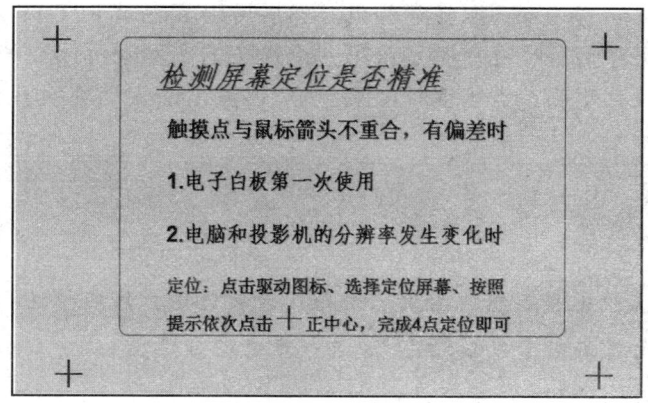

图 13

3. 手势识别功能（图 14）

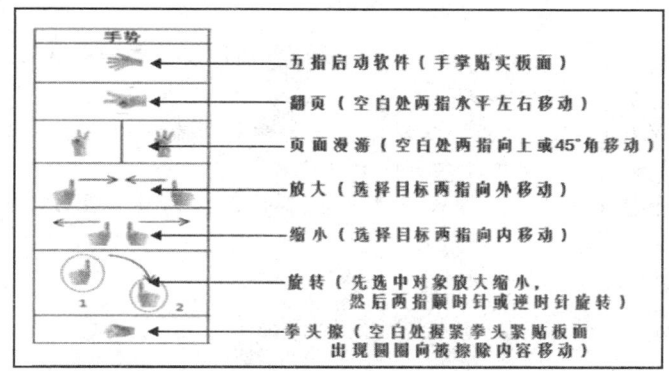

图 14

4. 教学三大功能（图 15）

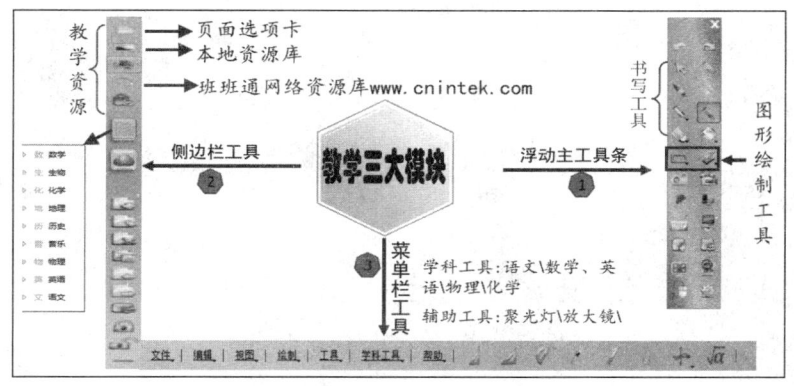

图 15

5. 软件平台与 PPT 课件的结合使用

（1）打开白板软件，点击 切换至屏幕批注模式。

29

（2）打开PPT课件进行播放。

（3）选择主工具栏的笔、可选取任意颜色，然后可以实现对PPT页面进行批注修改。

（4）如果不需要保存书写笔迹，则点击第一个箭头的图标就可以取消，并且可以再次操作电脑；如果需要保存笔迹：点击图标，然后再点击箭头笔迹就不会再消失。

? 回顾与思考（要求：先在小组内围绕"主题"开展讨论；然后推选小组代表收集、整理和提炼讨论意见，上传班级"主题讨论"，进一步交流分享）。

1. 简述信息化教学媒体的种类及其特性。
2. 简述信息化教学媒体的优势作用及最佳使用时机。

课外延伸

1. 回忆和反思本模块的学习过程。如果对哪一部分的学习内容仍有疑问，可借助班级QQ群、微信群与同学、教师进一步交流讨论。
2. 上网搜索或到学校图书馆翻阅教学媒体尤其是学前教育方面的信息化教学媒体选用资料或是典型案例，进一步理解信息化教学媒体选用优势。
3. 预习模块四关于信息化教学资源选用的内容，思考选题的教学设计方案中需要运用信息化教学资源的内容及其应用的形式。

模块四　信息化教学资源获取与加工

学习目标

◇ 能说出信息化教学资源的概念、区分不同类型的信息化教学资源及其应用条件。
◇ 能说出信息化教学资源所具有的各种作用方式，能意识到信息化资源建设的重要性。
◇ 熟悉学前教育五大领域常见信息化资源和工具类型。
◇ 掌握信息化教学资源设计方法，在教育教学活动设计过程中自觉应用。
◇ 能快速搜索学前教育资源或幼儿教师专题网站。
◇ 能熟练搜索、下载信息化教学资源。
◇ 能借助专用软件进行信息化教学资源的二次加工。

学习成果

◇ 制订一份信息化教学资源选用表。
◇ 完成先前的活动设计涉及信息化教学资源的收集与处理。

活动 1　了解信息化教学资源

本活动的目的是帮助学生了解信息化教学资源的概念、特性及应用形态和选用原则。

师生互动 1　了解信息化教学资源的概念、特性及应用形态

信息化教学资源是教育信息化的基础，是信息技术与教育活动融合的关键，是需要教师参与长期建设与维护的系统工程。由于信息化教学资源的复杂性和多样性，人们对它的理解各不相同，因而需要我们对信息化教学资源及其价值有清楚的、系统的认识，并能根据一定的标准对常用信息化教学资源进行分类。

 理论导学

教学资源与信息化教学资源

资源是一切可被人类开发和利用的物质、能量和信息的总称。教学资源指的是在教学过程中，支持教与学的所有资源，即一切可以被师生开发和利用的在教与学中使用的物质、能量和信息，包括各种学习材料、媒体设备、教学环境以及人力资源等，具体表现为教科书、练习册、活动手册和作业本，也包括实验和课堂演示时所使用的实物，还包括多媒体课件、仿真实验软件、虚拟现实技术、网络教学平台、QQ 空间、微信平台、幼儿园教师和保育员等大量可利用的资源。

本章节讨论的主要是信息化教学资源，主要指蕴涵了大量的教育信息，能创造出一定的教育价值、以数字信息的形式在信息化设备及网络平台进行传输的信息资源。具体如各种文本、图片、视频、音频、动画、课件以及网络课程。

新的教育改革需要丰富的信息化教学资源作支持，课程结构和课程内容的变革扩大了信息化教学资源的需求并为之提供更大的应用空间。如果没有适用的信息化教学资源，信息技术的潜力就将难以发掘，势必影响人们对信息技术作用的认识，进而阻碍现代教学观念形成，影响教学方式的改革，信息化教学也就失去了意义。

信息化教学资源的应用及其特性

随着教育信息化不断推进和新的教育理论、教学模式推陈出新，信息化教学资源的应用形态也是日新月异，主要包括：

（1）课堂演示：为了解决某一领域或某一课程的教学重点、难点而开发，主重对幼儿的启发、提示，反映问题解决的过程。这种类型的教学资源要求画面直观、清晰和图文并茂，能按教育教学活动思路逐步呈现。

（2）个别化学习：具有完整的知识结构或故事情节，能反映一定的活动过程和教学方法，提供相应的形成性练习，并通过友好界面让学习者进行人机交互。利用个别化、交互式多媒体教学软件，孩子们可以在个别化的教学环境下进行自主学习。

（3）仿真实验：借助计算机仿真技术，提供可更改的参数指标项，当输入不同的参数时，随时真实模拟对象的状态和特征，供学生进行模拟实验或探究发现式学习。

（4）虚拟现实：综合利用计算机图形、光电成像、传感、仿真、人工智能等多种技术，创建具有视、听、触、嗅、味等多种感知的模拟计算机系统。在教育教学活动中，师生借助各种交互设备沉浸于虚拟环境之中并进行实体交互，产生等同于真实物理环境的体验和感受。近年来，在虚拟现实的基础上又发展出增强现实技术，通过跟踪用户的位置和姿态，把计算机生成的虚拟物体或其他信息准确地叠加到真实场景的制订位置，实现虚实结合、实时互动的新体验。

（5）训练复习：主要是通过问题的形式训练、强化学生某方面的知识和能力。这种类型的教学软件在设计时要保证具有一定比例的知识点覆盖率，以便全面训练和考查学生。另外，考核目标要分等级，且按照难易程度逐级上升。

（6）教学游戏：这与一般的游戏软件不同，它基于课程的知识内容，寓教于乐，通过游戏的形式，让孩子们掌握学习内容和形成能力，并引发学生的学习兴趣。对于这种类型软件的设计，特别要求趣味性强、游戏规则简单。

（7）资料与工具：各种电子工具书、电子字典以及各类图形库、动画库、声音库等，这种类型的教学软件只提供某种教学功能或某类教学资料，并不反映具体的教学过程。这种类型的多媒体教学软件可供孩子们在课外学习使用，也可根据学习需更事先选定有关片段，配合教师讲解，在课堂上进行辅助教学。

（8）网络课程：融课程资料、教学活动和支持环境于一体的信息化教学资源。

师生互动2 了解信息化教学资源的选用原则

结合"理论导学"，以小组形式并在教师指导下，分析探讨信息化教学资源选择、设计和应用的原则，并结合前面选题填写完成表5。

理论导学

选用信息化教学资源的原则

在选择和设计信息化教学资源时,应尽可能地优先选用现成的,这样可以节省时间、经费和精力;当已有的资源不甚合适时,可考虑对资源进行修改,以满足教学需要;如果选取、修改都不行,就要自主设计、编制符合要求的教学资源或学习资源。在选择和设计教与学资源时,应遵循以下基本原则:

(1) 目标控制原则:活动目标是贯穿教学活动全过程的指导思想,它不仅规定教师的教学活动内容和方式,指导孩子们对知识内容的选择和吸收,而且还控制资源类型和资源内容的选择。若不遵守这一原则,效果将会适得其反。

(2) 内容符合原则:学前教育学科领域内容不同,适用的信息化教学资源也不同;即使同一领域,各章节的内容不一样,对教学资源的要求也不一样。

(3) 对象适应原则:不同年龄的孩子的认知结构有差别,教学资源的设计必须与教学对象的年龄特征相适应,否则不会有理想的教学效果。学前教育各学科领域资源设计的重点应放在如何实施形象化教学,以适应孩子们的直觉思维图式,因而应多采用图形、图像、动画和音乐之类的媒体。

(4) 最小代价原则:研究表明,人们总是根据最小代价来选择信息的。这就是说,接受者对信息的预期选择率 =(可能得到的好处/需要付出的努力)。为增加信息让人接受的可能性,要么增大接受者可能有的收获,要么减少接受者可能有的困难。设计的教学资源不仅应该包含较多的信息量,而且应该深入浅出,通俗易懂,以使学生能够只花较少时间就获得较多信息。

(5) 最优组合原则:不同的信息化教学资源各有优势,在教学活动中如能根据信息化教学资源的各自优势,加以优化组合,发挥媒体资源的优势功能,综合刺激幼儿的学习感官,定能收到良好的教学效果。电子白板诸如书写、绘图、标注、探照、交互、记录等教学功能,便是对传统媒体资源的优化组合,呈现更加生动的课堂教学效果,极大吸引孩子们的课堂注意力,有效提高教学活动参与度。

判断一个教学资源是否有效,关键看它能否将所要表达的信息有效地呈现给学习者。要做到这一点,除了必须遵循前述基本原则之外,还应运用心理学原理、尤其是视听心理学原理和规律,指导教学资源的选择和设计。

信息化教学资源选用表(要求:完成表5电子文档,上传"电子档案袋")。

表5

课 题	活动环节	教师活动	学生活动	作用方式	资源应用的有效性预测

活动2 熟悉信息化教学资源类型

本活动的目的是帮助学生了解信息化教学资源的类型、特点、适用对象以及存储格式。

师生互动 3 了解信息化教学资源类型及其存储格式

信息化教学资源的选用是教学设计中一个重要的环节。设计一个教学活动,不能简单依靠现有的教科书和传统教学设备设施。在信息技术迅猛发展的今天,恰当选用信息化教学资源能为实现教学重点突破、教学难点化解和教学活动优化起到事半功倍的效果。这就需要了解信息化教学资源的种类以及其特点,以便做出恰当的判断和选择。在这个活动中,通过阅读"理论导学",分析探究信息化教学资源的种类和特点。

 理论导学

常见信息化教学资源类型、特点及适用对象

信息化教学资源主要包括文本、图形/图像、音频、视频、动画、VR等多种类型。信息化教学中的数字化资源要根据教育教学活动内容来选用。

不管是何种类型的信息化教学资源,必然以某种特定的文件格式存储在计算机内。这里的"格式"即表示文件的类型,也告知需用何种计算机程序来处理或使用。文件格式通常是由两部分组成,即"文件名+扩展名",前者表示文件的名称,后者表示文件的格式,其表示形式如"风景.jpg"。

不同类型的信息化教学资源用不同的文件格式来存储和表征,即使是同一种信息化教学资源也可以用不同的文件格式来存储和表征。

同一类型、内容但不同格式的信息化教学资源,在计算机中存储空间越大,其质量就越好,但也会直接导致占用更大储存空间、影响传输速度。所以选用信息化教学资源时,一定要选择质量、格式适中的文件。

表6

类型	格式	特点	适用对象
文本	.DOC	提供了许多易于使用的文档创建工具,同时也提供了丰富的文档编辑功能	微软公司Office套件的核心程序,主要提供概念、定义、原理的阐述以及问题的表述
	.TXT	是纯ASCII码文本文件,即文件里没有任何有关字体、大小、颜色、位置等格式化信息	所有文字编辑软件和多媒体集成工具软件均可直接调用txt文本格式文件
	.WPS	具有内存占用低、运行速度快、强大插件及文档模板、支持阅读和输出PDF文件、全面兼容微软Office 97-2016格式(DOC/DOCX/ XLS/XLSX/PPT/PPTX等)独特优势	是我国金山公司开发的中文字处理软件的格式,其中包含特有的换行和排版信息,被称为格式化文本,仅能在特定WPS编辑软件中使用
	.DSC	解决了公式、图形、符号和文字的混合编排,填补了全球文档处理软件的一项空白。赋予数学公式、几何图形、函数曲线、物理电路、化学器件等以行为逻辑并完全实现文字流化	Science Word我国具有完全自主知识产权科技文档字处理软件,用于编写教学讲义、试卷、科技论文等,是科研与教育信息化的基础性软件之一

续表

类型	格式	特 点	适用对象
图片（图形/图像）	BMP	无压缩，不会丢失图像的任何细节，但是占用的存储空间大	图片可以形象生动、直观丰富地表示信息，学习者最容易接受，分为图形和图像。图形是指由外部轮廓线条构成的矢量图。是一种描述轮廓不复杂、色彩不丰富、任意缩放不会失真、承载的信息量较少的由计算机绘制的直线、圆、图表等抽象化形状，常用作辅助分析教材、理解概念与解释现象，常用 GIF 格式。图像是由扫描仪、摄像机等捕捉实际画面产生的数字图像。色彩比较丰富，层次感强，可以真实地重现生活环境，常用于表现含有大量细节（如明暗变化、场景复杂、轮廓色彩丰富）的对象，由于存储量较大，且在缩放过程中易形变或产生锯齿。信息化教学中常用作文档界面、背景和各种插图，常用 JPG 格式
	JPG (JPEG)	一种常用的压缩格式，占用的存储空间小	
	GIF	有动态和静态两种，颜色的失真度较大	
	WMF	微软公司自定的矢量图格式，Office 剪辑库中的图形就是以这种格式保存的	
音频	WAV	Windows 中标准的声音文件，无压缩，音质好，但占用存储空间大	音频包括音乐、语音和各种音响效果，属于过程性信息，是调动孩子使用听觉接受知识的必要前提。信息化教学中主要用于语言解说、背景音乐和音效等。标准的解说、动听的音乐，有助于限定和解释画面，有利于集中学生的学习注意力，有利于陶冶学生的情操，有利于激发学生学习的潜力。常用 WMA 或者 MP3 格式
	MIDI	电脑音乐的统称，占用存储空间小	
	MP3	经过压缩的声音格式，占用空间小，声音质量高	
	WMA	微软的流媒体声音格式，占用空间比 MP3 小，且声音质量很高	
视频和动画	AVI	由视频和音频两部分组成，无压缩，高质量，但占用存储空间大	视频是通过若干有联系的图像数据的连续播放，形成对现实世界的真实记录。通常情况，视频采用声像复合格式，即在呈现事物图像的时候，同时伴有解说效果或背景音乐。借助计算机，可以实现视频的播放、暂停、快播、倒播、单帧播放等功能。当然，视频在呈现色彩丰富的画面同时，也可能传送大量无关信息，甚至成为孩子们学习的干扰因素。常用 WMV 格式。动画是对事物运动、变化过程的模拟，是一种相对于时空、位移变化的动态媒体。它忽略了事物运动、变化过程中的次要因素，突出强化其本质要素。在学前教育领域，利用动画来表现事物甚至比视频的效果更好，更有利于孩子们领会本质规律和激发学习兴趣。常用 GIF 和 SWF 格式
	RM	质量不高，占用空间小，一般用于低速网上实时传输音频和视频信息的压缩格式	
	DAT	VCD 影碟中的视频文件	
	MPEG	是基于变换的有损压缩的视频文件格式，目前的主流是 MPEG-4，MPEG-21 是一个正在制定中的标准，它的目标是为未来多媒体的应用提供一个完整的平台	
	GIF	可以同时存储若干幅静止图像并进而形成连续的动画，目前在网上大量采用的动画文件多为这种格式	
	SWF	FLASH 矢量动画格式，占用空间小	

活动3　了解学前教育信息化教学资源网站

本活动的目的是帮助学生了解学前教育信息化教学资源专题网站、网站评价以及新网站推介。

师生互动 4　了解学前教育信息化教学资源网站

信息化教学资源是教育信息化的基础，是信息技术与教育活动深度融合的关键。由于学前教育的特殊性，使得人们对该领域的信息化教学资源建设关注度不高，系统性不强，资源欠丰富。因而，了解信息化教学资源获取渠道，熟知具有系统性、权威性的学前教育资源网站，并能够甄选优质信息化教学资源，对于一名未来的幼儿教师来说，自然是必备的技能。

1. 专题网站推介

中国幼儿教师网：http://www.yejs.com.cn/

幼儿教师网：http://www.yejs.cn/article/list/list_2.html

广东学前教育网：http://www.gdyjw.cn/

幼教网：http://www.youjiao.com/

人民教育出版社：http://old.pep.com.cn/xgjy/xqjy/

科学教育：http://www.sedu.org.cn/

中国体育教育网：http://www.sporter.org.cn/

中国美术教育网：http://www.90ms.com/

在访问浏览上述专题网站后，以小组形式交流讨论和填写完善表7、表8信息（要求：完成表7、表8电子文档，上传"电子档案袋"）。

表 7　网站评价

组名：	组长：
网站名称	特色优势
中国幼儿教师网	
幼儿教师网	
广东学前教育网	
幼教网	
科学教育网	

表 8　网站推介

组名：		组长：	
序号	中文域名	英文域名	特色优势

活动 4　掌握信息化教学资源的获取方式

本活动的目的是帮助学生了解和掌握信息化教学资源获取的常见方式。

师生互动 5　掌握信息化教学资源获取的常见方式

随着教育信息化发展的迅速推进，信息化教学资源也是日新月异和海量储存，如何熟练掌握信息化教学资源的获取方式和技巧，如何快速、有效地获取优质的信息化教学资源，是教师自然也是幼儿教师必备的专业技能。

1. 信息化教学资源的日常获取
（1）文本：键盘录入，扫描印刷品，语音录入等。
（2）图形：专用软件支持下的电脑绘制。
（3）图像：专用软件支持下的电脑创作，拍摄，扫描，电脑截屏等。
（4）音频：专用软件支持下的电脑创作，录制，CD 光盘、录音磁带获取。
（5）视频：拍摄，屏幕录制，PowerPoint 等专用软件生成，DVD 光盘、录像带/摄像机截取。
（6）动画：专用软件支持下的电脑创作。
（7）VR（虚拟现实）：专用软件支持下的电脑创作。

2. 信息化教学资源的网络获取
（1）常用检索方法
① 专业或专题网站检索：如 K12 网站、幼教网。
② 搜索引擎查找：如百度、谷歌、新浪等。

③ 数据库查询：如中国期刊网、中国知网、万方数据库等。

④ 专业软件搜索：光速搜索、超凡搜索、百度搜索。

⑤ 直接浏览网页：偶然发现、顺"链"而行。

（2）常用网络搜索引擎

① 百度（http://www.baidu.com）；② 搜狐（http://www.sohu.com）；

③ 搜狗（http://www.sogou.com）；④ 新浪（http://www.sina.com）；

⑤谷歌（http://www.google.com）；⑥ 雅虎（http://www.yahoo.com）。

◆ 用好网络搜索中的逻辑运算符。

AND：与，必须同时包含给出的关键字才能被列出。如"课件 AND 健康"，即搜索结果中同时包含"课件"和"健康"。

OR：或，包含给出的任意一个关键字都能被列出。如"课件 OR 幼儿"，即搜索结果中或者包含"课件"或者包含"幼儿"。

NOT：非，结果不能包含 NOT 后面的关键字。如"课件 NOT 幼儿"，即搜索结果中包含"课件"但不包含"幼儿"。

◆ 用好网络搜索中的通配符。

"?"代表一个字符；"*"代表任意多个字符。如"以*治国"，表示搜索第一个字为"以"，末尾两个字为"治国"的短语，中间"*"任意多个字符。

◆ 用好网络搜索中的关键字。

输入多个词语搜索（不同字词之间用一个空格隔开），可以获得更精确的搜索结果。如，想了解仡佬族饮食文化的相关信息，在搜索框中输入"仡佬族饮食"，获得的搜索效果就肯定比输入"饮食"得到的结果好。但是，关键字输入并非越多越好；关键字相当于限制条件，过多的关键字，有可能导致检索到的内容太少甚至检索不到。

（3）网络资源下载

① 文本资源：复制网页上的文本；保存网页；网络电子书籍（pdf 格式——使用 adobe reader 阅读和复制，caj、nh、kdh 格式——使用 caj 全文浏览器阅读和复制）；禁止复制的文字（查看源代码等）。

② 图片资源：专门下载软件（网络蜘蛛、ImageDown）；"搜索"图片→"右键"图片→"图片另存为"。

③ 声音资源：目标另存为；下载内嵌在网页中的音频素材；录制在线播放的声音（Windows 录音机或其他专用软件）。

④ 视频资源：在线播放视频；屏幕录制（优酷）；专用软件下载（维棠等）。

⑤ 动画资源：gif 格式→右键/图片另存为，复制/粘贴；flash 格式→复制/粘贴；专用软件（迅雷、flash）。

活动 5 掌握信息化教学资源的加工方法

本活动的目的是帮助学生了解和掌握信息化教学资源的加工软件及常用加工方法与技巧。

师生互动6　掌握信息化教学资源常见的加工方法

1. 常用信息化教学资源加工软件一览表（表9）

表9

类　型	常用软件
文　字	Windows 记事本、Word、WPS、COOL 3D、learning60-cn 等。
图　形	Word、PowerPoint 等自带图形绘制功能、Photoshop 等。
图　像	Windows 画图、ACDSee、Photoshop、CoreDraw 等。
声　音	Windows 录音机、CoolEdit、豪杰超级解霸等。
动　画	Gif Animator、Flash、Director、3D MAX 等。
视　频	超级解霸、Edius、Premiere、会声会影等。
格式转换	格式工厂、狸窝视频转换器、Flip 数码相机视频转换器等。

2. 信息化教学资源加工的常用方法

（1）文本加工

① 常用文本：字体、字号、段落、艺术字、页面、页码、表格等加工。

② 幻灯片文本：遵循 5/10/20/30/40 法则（详见"理论导学"）。

③ 特效文本：彩字秀（http://www.czxiu.com/）等专用软件。

（2）图像加工（我要自学网：http://www.51zxw.net/list.aspx?cid=339）

① Photoshop 功能、菜单、工具及图像尺寸等基础知识（图16）。

图 16

② Photoshop 中常用处理方式

◆ 调整图像尺寸：点击"图像"菜单→点击"图像大小"子菜单→进行相应设置→点击"确定"。

◆ 变图像色调：点击"图像"菜单→点击"调整"子菜单→点击"色相/饱和度"子菜单→进行相应调整→点击"确定"。

◆ 调整亮度、对比度：点击"图像"菜单→点击"调整"子菜单→点击"亮度/对比度"子菜单→进行相应设置→点击"确定"。
◆ 裁切部分图像:选择"选取"工具→拖选"区域"→点击"图像"菜单→点击"裁切"子菜单。
◆ 添加文字：选择文字"T"工具→点击"画布"→输入文字→设置"字体、字号、颜色及艺术效果"→点击"确定"。
◆ 图形绘制：选取"矩形工具"→拖绘图形→图形边框、填充处理。
◆ 合成图像：拖放拼图→设置"羽化、蒙版、滤镜效果"→另存为。
③ 美图秀秀：拼接图片、去除水印等功能。
④ 电脑屏幕截图：截取图片（启动屏幕→点击 Print Screen 键）→启动软件（开始→程序→画图或 Photoshop）→粘贴图片（按 Ctrl + V 键）→处理图片→保存图片。
⑤ 专题网站：我图网、昵图网。
（3）音频、视频加工
① 利用操作系统自带录音软件：连接录音设置（话筒）→启动电脑→点击"开始"按钮→单击"程序"选项→单击"附件"选项→单击"娱乐"选项→"录音机"选项。
② 利用会声会影等专用软件

会声会影界面、功能及工具等基础知识（我要自学网：http://www.51zxw.net/list.aspx?cid=358）。

会声会影常用处理方式（图17）：整体剪裁、部分删除、多段合并、添加字幕、转场特效处理、摄录（外部设备录制；屏幕录制）。

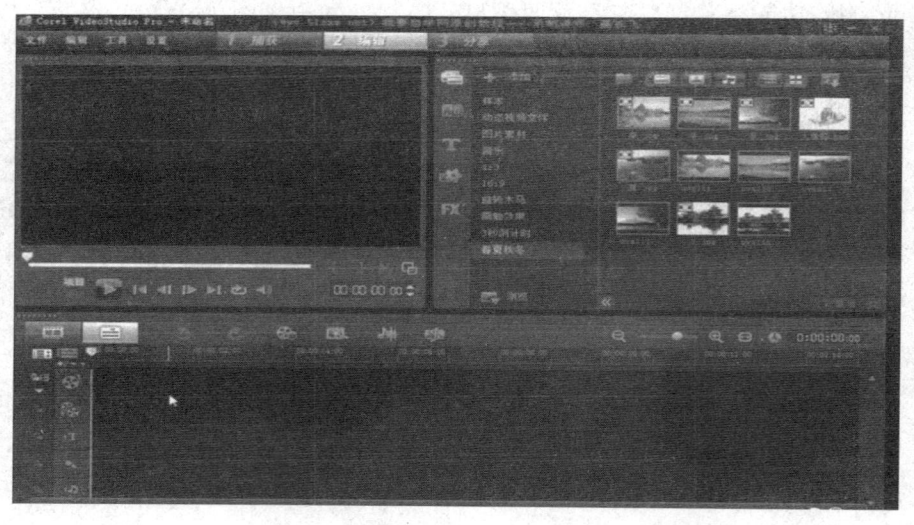

图 17

（4）格式工厂使用要点（图18）
直接转换、光盘转换、裁剪与合并、画面翻转。

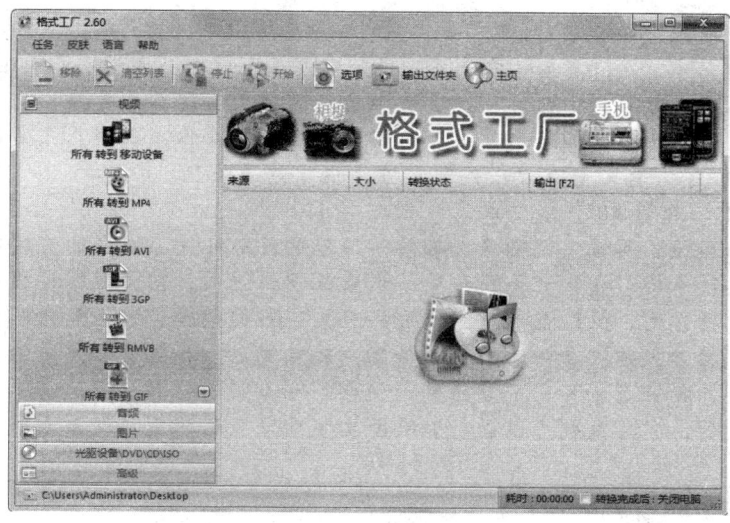

图 18

 理论导学

PPT 课件的"5/10/20/30/40"法则

1. 色彩不超过 5 种

在通常情况下，颜色宁少勿多，将选定的不超过 5 种的颜色以统一方法应用到课件每一屏（页）中去，可保持多媒体课件整体风格统一；5 种颜色在使用中分为主色、辅助色和强调色三类。"主色"由 1～2 种颜色组成，一般以单色或两色非线性平滑渐变作为背景，主要控制课件背景的色调，注意色彩对比不能过于强烈，否则对视觉神经刺激过大，容易造成视觉疲劳；"辅助色"由 1～2 种颜色组成，颜色应遵循色彩"对比"原则，主要控制课件前景的色调，简易的方法是从色调上形成明暗的对比，即深色背景配浅色字，浅色背景配深色字；"强调色"一般是 1 种强对比型颜色，遵循色彩"节奏"原则，在课件中的运用能较好引导学生视线移动方向，以视线的有序移动形成画面的节奏美，最终形成多媒体课件的视觉导航。合理利用色彩的区分，更利于学生理解颜色所要表达的含义。

2. 页面不超过 10 页

40～45 分钟的一节课，10 页课件足以呈现出课堂要点，太多的内容让学习者无法记住重点。4～5 分钟翻动一页，教学者能充分展开教学，学习者有充足的时间听课和记笔记，形成课堂的良性循环。每页切换时尽量少用或不用过场动画和声音，以防破坏视听和正常教学。按照小于或等于（小班 10 分钟/节，中班 15 分钟/节，大班 20～25 分钟/节）学前教育教学活动课时折算，通常每节课或每个活动不超过 5 页。

3. 播放不超过 20 分钟

40～45 分钟的一节课，学习者往往在 15～20 分钟后就会分心和感到厌倦。教师应在课件中预设一些在课堂教学中可用的趣味性活动来调节课堂，提高学生的注意力，通常可以设计一个情境或穿插一个游戏等。学前教育教学活动课件播放时间按上述 2 同理折算，每个活动教学播放时间不超过 5 分钟。

4. 字号不小于 30 磅

文字表述是课程传授的核心，文字的可读性和易辨识度对教学活动影响很大。使用 30 号字体，投影在 4：3 标准屏幕上显示，可以保证不同大小的教室中各个角落的学习者，都能清晰地辨识，保证教育的公平性。

多媒体课件创作中，对"字体"的选用，还应遵循适配性、可读性、同一性"三性并重"原则。在字体选择上，不要超过两种，过多的字体将破坏文字的整体美感，让人感觉杂乱无章、不成体系，难以收到良好的表达效果。建议选用计算机操作系统中已预装的如汉字"黑体"、英文"Arial"等，其庄重有力，外观大方，视觉效果强烈。

5. 每页（屏）不超过 40 个字或单词

课件文字简洁至上，尽量使用图像。教学实践表明，幻灯片上出现的文字数目同教学者讲授效果往往是成反比的。教学者要关注整个课堂的逻辑主线，在阅读的过程中思考每一页课件在整个陈述中的作用，头脑里有一个画面，将更丰富的数据、论据等内容作为"附件"，让课程内容变得直接和简洁，在陈述中自然流畅，重点突出。多媒体课件是传达观点的，在没有讲解的情况下，看一页课件必须能清楚地让学习者知道你在讲什么，这是起码的要求。文字能够表达清楚的，用文字就可以了；如果用文字难以表达清楚，就需要用图像来作出更加深入的说明。

回顾与思考（要求：参与"主题讨论"；完成电子文档，上传"电子档案袋"）。

1. 请利用互联网进一步了解不同格式的文本、图片、音频、动画、视频的特点和适用范围。
2. 回顾信息化教学资源获取途径与方法。
3. 回顾信息化教学资源常见处理软件与常用处理方法。

课外延伸

1. 回忆和反思本模块的学习过程。如果对哪一部分的学习内容仍有疑问，可借助班级 QQ 群、微信群与同学、教师进一步交流。
2. 预习模块五关于信息化教学资源内容的集成与开发内容。

模块五 信息化教学资源集成与开发

学习目标

通过本模块的学习,达到如下目标:
◇ 熟悉课件、微课的呈现类型和应用条件。
◇ 根据选题,能独立完成演示型课件、微课的集成和开发。
◇ 能对课件、微课进行客观评价。
◇ 在小组活动中体验合作学习的过程,在教学资源整合中体验合作学习的重要性。

本模块的一个真实任务是根据教学设计方案和媒体、资源应用计划表,将上一模块收集和加工的"成品"素材集成到演示型课件中,从而完成一节课或一个教学活动的演示型课件集成与开发。在这一过程中,我们还将学习到有关课件、微课的基础性知识。

学习成果

本模块学习结束时,将会获得如下学习成果:
◇ 一节课或一个活动的演示型课件。
◇ 一个可另选课题的微课。

活动1 理解信息化教学课件

本活动的目的是帮助学生了解信息化教学课件的概念、功能、特点及其常见分类。

师生互动1 了解信息化教学课件的概念、功能、特点及其分类

信息化教学课件是一类用于辅助教学的文件,是一种程序化的教材。它充分利用信息化媒体、资源及技术手段展现教学内容,使课堂教学更加形象、直观和生动,有利于实现个性化、多层次、创造性的学习目标。

1. 资料阅读,观摩案例

自主阅读下面的"理论导学",了解信息化教学课件的基本功能和基本特点,在文章中画出各自认为重要的句子,默记于心。在此基础上感知与体验四类常见信息化教学课件(要求:在下表中填写个人见解;完成表10电子文档,上传"电子档案袋")。

表 10

四类课件	优点	缺点	适用条件与局限性
辅助教师教学型			
辅助学生学习型			
辅助学生训练型			
辅助学生实验型			

 理论导学

信息化教学课件的概念、功能、特点及其常见分类

1. 基本概念

课件是在一定的教与学理论指导下,根据教学目标设计、反映教学策略和呈现教学内容,由制作者按某一思路设计制作的、前后连贯的、系统性的文件。随着课件在教学活动中应用的深化,课件的概念也在发展、演化之中,例如有专家提出"积件"的思想。积件,是由教师和学生根据教学活动,利用专用教学软件将多种媒体资源叠加整合。

2. 基本功能

信息化教学课件的功能,简单地说就是有效教学。从课堂教学看,可代替教师实施课堂教学,也可辅助师生实现个性化教学和自主学习;从教学内容及教学目标看,它既可用于知识的传授,又可用于技能训练,还可实现学业水平测试等;从课件规模看,既可用于某一知识点的教学,又可用于某一课题、主题、抑或是某一课程的教学;从教学效益而言,因教学呈现的图文并茂、声情并茂而激发学生学习兴趣,友好的人机交互而调动学生积极参与,丰富的教学信息而拓宽学生认知广度和深度。

3. 基本特点

(1)与教学内容有关。学前教育中的不同教学领域,创作出来的课件可能不同。如科学课件注重原理、过程、现象的模拟或再现,而语言课件则注重情景、情节、情感的描述或表现。

(2)与教学对象关联。教学对象的认知基础和认知水平也会影响对课件的设计。给幼儿们的课件必须生动形象、动静结合、色彩艳丽,以吸引小朋友的注意。

(3)与教学目标、教学策略紧密联系。同样的教学对象,同样的领域,活动目标不同,创作出的课件也可能不同。

(4)与创作者的教学思想、教学方法密切相关。同一个教学目标,教师不同,教学方法就可能不一样,不同的方法又必然在所创作的信息化教学课件中有所反映。

(5)还与创作工具、手段密不可分。目前,课件创作工具很多,不同的工具创作出的效果差异较大。如用 PowerPoint 和 Flash 均可实现动画,但两者创作出的动画效果各有特点。

4. 常见分类

(1)按使用对象分

① 辅助教师教学型。注重启发、提示或帮助学习者理解,或促进学习者记忆,或引发学习者兴趣,知识点可以不连续,主要用于演示教学。通常可利用 PowerPoint、Authorware 等软件创作,且在直线式演示基础上,根据需要实现跳转和链接,并在合成了图、文、声、像等多种媒体元素的同时,体现了信息化教学课件的交互性。该类课件适用于各领域演示重难点内容、动态现象、模拟示意等,主要用来配合课堂的讲解、交流、练习和示范。

② 辅助学生学习型。注重人机交互,实现让学习者自主地进行学习。具有完整的内容

结构，反映一定的教学过程和教学策略，提供相应的形成性练习。课件结构的主要关系不是顺序的线性，而是以非线性网状结构为基础，学习者通过点击链接来选择信息。由于超媒体结构容易使学习者在信息浏览中迷失方向，偏离学习目标，还需要用多种导航方法相互配合，构成课件的导航系统。

③ 辅助学生训练型。注重设计一定比例的知识点覆盖，以便全面地训练和考核学习者的能力水平。提供与孩子们所学到的例子相似的练习项目，通常是一次一个项目，对每个项目给予反馈，反馈的内容取决于学生的输入，反馈的形式包括简单的对或错判定、提示继续尝试、动画演示、语言解释等。功能强的课件还可实现在学生回答某一层次的问题后，把学生引向更高层次的问题；或是在学生回答有一定错误时，使之回到低一层次的问题。

④ 辅助学生实验型。利用仿真技术、虚拟现实技术，提供可更改参数的指示项，供孩子们模拟实验或操作使用。孩子们使用实验型课件，当输入不同的参数时，能随时真实地模拟对象的状态和特征，例如模拟各种设备使用、技能训练和机能改变。

（2）按教学环境分

① 单机型课件：在独立的计算机上运行的课件。

② 网络型课件：在网络环境下运行的课件。

（3）按表现形式分

① 演示型课件：主要以图解、动画等形式进行教学内容的演示，呈现教学活动的原理和规律，展现事物发生、发展和变化的内在规律。

② 交互型课件：以人机交互的方式进行信息沟通，如场景模拟、测试练习等。

5. 存在误区

过分夸大信息化教学课件在教学活动中的作用，认为用了就好，未曾认真分析教学内容、教学对象等客观因素，试图用计算机替代教师。

2. 小组讨论，集体分享（要求：先在小组内围绕"主题"开展讨论；然后推选小组代表收集、整理和提炼讨论意见，上传班级"主题讨论"，进一步交流分享）。

（1）什么情况下信息化教学课件的使用是必要的？

（2）什么情况下使用助学型课件？什么情况下使用交互型课件？

（3）为使课件发挥最大效益，提高受众受益面，你的建议是什么？

活动2 策划选题所需的课件结构

本活动的目的是帮助学生确定教学课件结构图，为制作演示型课件建立框架。在这一过程中，还将掌握从教学设计方案到形成成品课件的一般流程，为今后自主开发课件提出新的思路。

师生互动2 理解课件开发流程与课件结构

从前面的活动中，同学们或许已经意识到：课件的开发首先要有选题，然后根据选题的需要收集信息化素材资源，最后选择合适的素材资源整合平台制作课件。在将教学资源素材整合成一个完整的课件之前，同学们需要先对课件的整体结构进行规划，以便在课件开发过程中做到心中有数。

1. 阅读资料，观摩案例

认真阅读下面的"理论导学"，思考是否还有其他结构图？是否还有其他课件、开发流程？用笔勾画出文中重要的句子，并与小组成员讨论交流。如果仍有疑问，请向任课老师咨询。

 理论导学

课件的开发流程与结构特征

课件的开发涉及多种学科的知识和技能，一般由课程专家、教学设计人员、心理学家、有经验的学科教师、教研人员、美术人员、软件设计人员，有时还需要音乐工作者、摄录像人员等共同组成开发小组。课件的制作一般要经过以下程序：选定课题、分析教学内容、分析学习对象、确定教学目标、选择教学方法、规划课件结构、编写制作稿本、进行课件制作与运行测试、教学应用实践、再次修改调试和正式交付使用。当然，日常课件制作并没有如此繁琐的操作步骤，否则教师大量时间将被消耗在制作课件上，难以常态化地实施信息化教学。本教程的思路：设计教学方案→计划资源应用→采集与加工素材→规划课件结构→制作课件。

由于课件的运行环境、开发工具、教学目标、教学策略以及使用对象的不同，往往采用不同的结构形式或者综合应用各种结构形式。目前，在教学活动中比较常见的结构有以下三种：

1. 线性式结构（图19）

这种结构通常会按照线性的顺序"播放"整个课件，这是常用的一种结构。

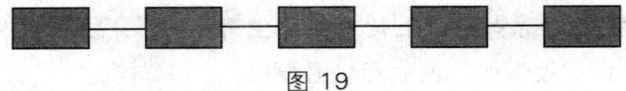

图19

2. 网状式结构（图20）

它是一种网状结构，这是一种很常见的多媒体课件结构形式。这种课件虽然按照分类来组织，但有时也会在部分节点上、分支间进行跳转，以达成教学活动中的相对灵活性。

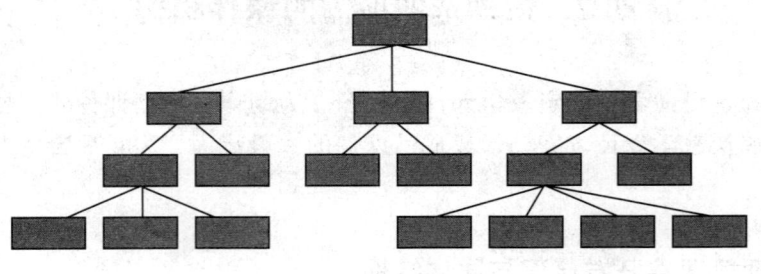

图20

3. 交互式结构（图21）

这也是一种结构化的信息组织方式，适合于需要详细解释和大量练习的主题。它企图像导师一样通过序列化信息、测试、反馈与幼儿进行交互。在这种学习环境中，幼儿的学习受系统的控制，有清楚的学习目标，一般较少使用外部资源。

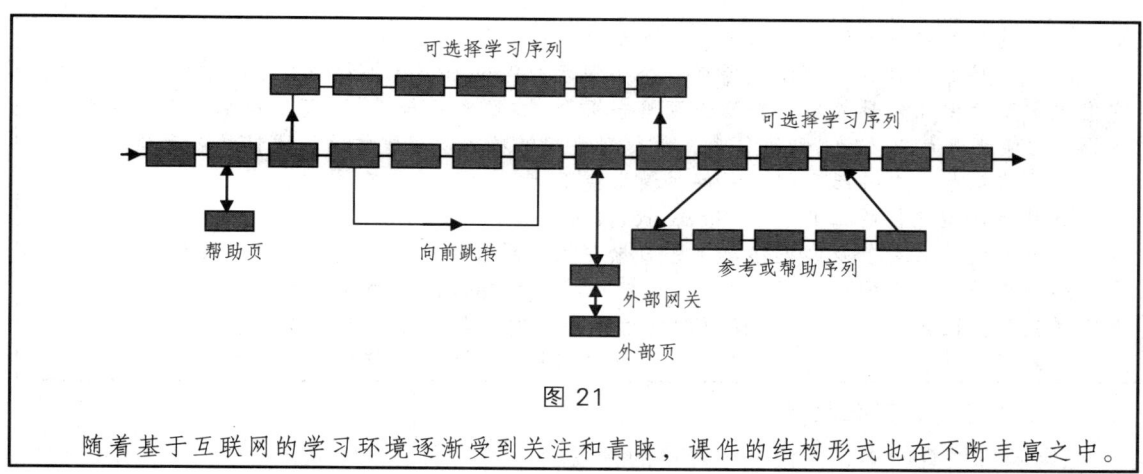

图 21

随着基于互联网的学习环境逐渐受到关注和青睐,课件的结构形式也在不断丰富之中。

2. 为自己的课件画出结构图

根据前面教学设计的情况,确定一个与选题相符合的课件名称,并填在下面的横线上,这个名称就是自己即将要开发的课件的文件名:_____。

根据已完成的信息化教学资源应用计划表和对课件的新构思,用电子文档画出自己选题课件的结构图(要求:完成电子文档,上传"电子档案袋")。

活动 3　集成与开发课件

本活动的目的是帮助学生在选择开发工具平台基础上,将前面收集的成品教学素材,集成到课件中并最终完成演示型课件的制作。

师生互动 3　初步了解课件开发的工具

1. 自主阅读,完成表格

阅读下面的"理论导学",在教师指导下填写下表(要求:完成表 11 电子文档,上传"电子档案袋")。

表 11

不同类课件	常用开发工具	功能特点
交互型多媒体课件		
助教型演示课件		
助学型网络课件		

 理论导学

常用课件开发工具
将零散的信息化教学资源素材整合为一个完整的课件,需要一个特定的资源开发平台,

> 简单地说就是需要一定的技术工具将素材整合为一个集合体。
> 　　演示文稿是最常见的演示型课件，金山演示、PowerPoint 等都是演示文稿的编辑软件，它们也是演示型课件最简单的教学资源整合平台。在这个平台上，教师可以插入并编辑文本、图形、图像、视频、声音、动画信息，通过创建超链接，以超媒体的形式链接各种媒体信息，并将这些信息整合在一起，制成课件供教学使用。
> 　　开发交互型课件的工具有 Authorware、Flash 等。
> 　　随着网络的日益普及和网络学习的日渐深入，网络课件已经被提上议事日程。网络课件是网络环境下教与学的重要资源之一。网络环境下主要以网络课件的形式通过计算机和网络来实现教学。FrontPage 是较为简单的网络课件开发工具，在这个平台上教师可以通过课件规划、创建站点、制作页面、超链接和课件发布等环节完成网络课件的开发。

2. 交流讨论，强化提升

教师随机抽查同学，交流上述表格的答案。

师生互动 4　掌握演示型课件的开发技术

在正式制作课件之前，有必要认识演示文稿的设计和 PowerPoint 的使用（我要自学网：http://www.51zxw.net/show.aspx?id=35466&cid=472）。

1. 介绍演示文稿的基本知识

教师打开课件"案例"向学生展示，介绍演示文稿的基本知识（要求：先在小组内围绕"主题"开展讨论；然后推选小组代表收集、整理和提炼讨论意见，上传班级"主题讨论"，进一步交流分享）_____

_____。

 理论导学

初识演示文稿开发工具

PowerPoint 是一种演示文稿开发工具。演示文稿是以屏幕演示的方式播放，一个屏幕演示一张幻灯片的内容。一个演示文稿是由多个幻灯片构成的，每一张幻灯片上可以集成文本、图片、视频和动画等多个媒体素材，集成丰富的教学信息。

1. PowerPoint 的基本功能

基本功能	说　　明
幻灯片支持	是演示文稿基本单位，承载屏幕显示信息。
媒体支持	每张幻灯片支持文字、图形图像、视频和声音的集成和使用。
表格支持	提供表格的建立和编辑。
超级链接	提供演示文稿内、外的超链接，支持网络链接。
动画支持	提供幻灯片上媒体对象的动画支持，提供幻灯切换动态效果。
图表	提供多种形式数据图表。
演示播放	按顺序播放，支持播放重组。

2. 演示文稿的基本架构和设计（图22）

教学演示文稿往往是按照"需要信息化表征的知识点进行策略性组织"的逻辑顺序进行编辑，一般的形式是第一张幻灯片作为封面展示题目，然后是目录幻灯片和内容幻灯片，在此基础上再根据教学需求添加一些超链接，实现跳转或其他交互功能。这样就与先前绘制的课件结构图对应起来。可见，先前画的课件结构图为幻灯片的制作提供了设计蓝图。

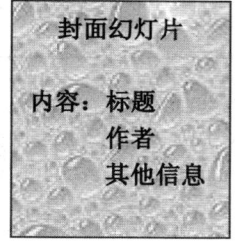

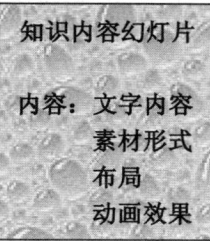

图 22

2. PowerPoint 基本使用方法

教师打开自制"案例"课件向学生展示，并讲解演示文稿封面（第一页幻灯片）的制作，仔细观察操作的基本使用方法和步骤（要求：在横线上记录个人见解，先在小组内围绕"主题"开展讨论；然后推选小组代表收集、整理和提炼讨论意见，上传班级"主题讨论"，进一步交流分享）_____。

 技术导航

演示文稿的封面制作

下面将以 PowerPoint 2016 来制作演示文稿，不同类型、不同版本的软件在操作上可能略有不同。

1. 打开演示文稿软件
2. 输入封面标题

点击"文件"菜单→点击"新建"命令→选择"空白演示文稿选项→点击"创建"按钮，进入编辑环境，输入幻灯片的标题，其操作为：

（1）单击"单击此处添加标题"占位符，设定光标位置并输入"标题文字"。

（2）单击占位符边框，分别单击 [字体工具栏图] 等按钮的向下箭头选择字体、字号和字的颜色。

（3）单击"单击此处添加副标题"占位符，设定光标位置交输入"副标题"，用同样的方法设定字体、字号和字的颜色。

（4）将鼠标移到并单击标题边框，指针变为"十"字形状时，用拖动的方法，将标题移动到合适的位置，用同样的方法移动副标题。

3. 插入图片

在封面上插入图片的操作步骤如下：

（1）单击"插入"菜单→单击"图片"子菜单→选择图片→点击"插入"。

（2）点击图片周围8个白色控制圆点，将鼠标指针指向控制点并拖动调整图片的大小。

（3）拖动鼠标，调整图片位置。
4. 放映幻灯片
单击左下角的幻灯片放映按钮 ▱ 即可看到播放的效果；按 Esc 键，将返回编辑环境。
5. 保存文件
（1）单击"文件"菜单→单击"另存为"子菜单。
（2）在"保存位置"输入框中，选择需要的目标文件夹。
（3）在"文件名"框中输入文件名。

说明："演示文稿"能以图文并茂的形式、形象地表达出演讲者要介绍的内容，也习惯地称之为"幻灯片"；"占位符"是用户选定幻灯片某个版式后，出现在幻灯片中占据着文本、图像、表格等的虚线框对象的位置。

3. 强化练习，提升技能

在"拓展练习"中详细步骤的指导下，仿照上述案例，继续完成后续页面幻灯片的制作。

温馨提示：初次学习，务必严格按照上述要求，自主完成一个课件完整制作，只有完成它才能学到应该学习到的技能。

 拓展练习

演示文稿的其余幻灯片制作

演示文稿的开发主要涉及如下一些步骤和技术，掌握了它们，就可以在日常制作过程中轻车熟路，得心应手。这些技术是：

1. 插入一张新幻灯片。
2. 选用一幅图片作为背景。
3. 为幻灯片插入艺术字标题。
4. 为幻灯片配画外音。
5. 为幻灯片插入视频并设置视频播放窗口。
6. 编辑幻灯片中的表格信息。
7. 设置幻灯片页面动画。
8. 设置幻灯片切换效果。
9. 超级链接到其他文件。
10. 超级链接到网络。
11. 制作个性化模板。
12. 无缝嵌套 flash 动画。

活动 4 展示与分享课件

合理的教学设计+适当的课件支持+默契的师生配合=完美的课堂教学。如果教师能够掌握信息化教学的精髓，那么距离实现完善的课堂教学也就不远了。这个活动的目的是帮助学生在梳理前面各项活动内容的基础上，通过分享和评价，争取将"适当的课件支持"做到更好。

师生互动 4 熟悉课件评价量表并评价课件

阅读"理论导学",熟悉课件评价要点。再参照下列评价量表,首先在小组内评价并推荐优秀课件作品,然后进行班级展评(要求:完成表 12 电子文档,上传"电子档案袋")。

表 12

制作人:			课件名称:	
一级指标	自我评价		组员评价	
	评语	评分	评语	评分
教育性(20 分)				
教学性(20 分)				
科学性(20 分)				
技术性(20 分)				
艺术性(5 分)				
创新与实用性(15 分)				

 理论导学

信息化教学课件的评价要点

1. 教育性。内容必须符合《纲要》《标准》,表现形式符合幼儿教育心理学。

2. 教学性。内容紧扣《纲要》;教育教学活动目标明确,有助于突出重点、突破难点;表现形式合理、新颖,符合幼儿认知规律;适用性强,教学效果突显,能够起到传统教学手段力所不及的作用。

3. 科学性。内容正确,逻辑严谨,层次清晰,无政治性、科学性错误;涉及的科学原理、定义、概念准确无误,阐述的观点、论据和涉及的素材真实、准确;场景设置、素材选取、术语应用、操作流程等符合相关标准;模拟仿真符合教学规律,各种教学媒体能为学生理解教学内容、达成教学目标服务;呈现时间适中,符合幼儿认知心理。

4. 技术性。画面清晰,色彩逼真,界面人性化;导航、链接顺畅;启动、跳转时间短,稳定性、安全性强;选用最佳技术手段,教学效果好;充分融合音视频、动画等媒体技术,具有相应的控制技术。

5. 艺术性。整体风格统一,色彩搭配协调,界面布局合理,内容简洁美观,符合视觉心理;文字、图片、音频、视频、动画等符合主题;构图、色彩、美工、布光、组合等主题鲜明,从视觉和听觉上具有一定冲击力;制作精细,吸引力、感染力强,能较好激发学生学习兴趣。

6. 创新与实用性。立意新颖,具有想象力和个性表现力;能够运用于实际教育教学活动中,有推广价值。

PPT 课件网站推荐:

1. 山东学前教育网:http://www.sdchild.com/download/jpkj/
2. 幼教网:http://www.youjiao.com/
3. 中国婴幼儿教育网:http://www.baby-edu.com/yjtd/yjzy/yjkj/
4. 中国幼儿教师网:http://www.yejs.com.cn/

师生互动 6　展示与分享作品

1. 上传演示型课件

登录云盘，将完成的课件（包括教学设计、任务单等辅助材料）打包，上传到作业区"演示型课件"下。作品命名为"姓名_课件名"。任课教师将为每个课件评分，并将以"形成性评价"纳入课程学习的总成绩。

活动 5　PPT 课件常用制作技巧

本活动的目的是帮助学生掌握 PPT 课件的一些常用制作技巧，进一步巩固练习和拓展学习。

1. 阅读资料，操作实践

认真阅读并逐一操作实践下列"技术导航"所列 PPT 课件制作技巧。然后在此基础上，上网搜索、上机实践并梳理分享 1~2 个 PPT 课件制作新技巧（要求：完成电子文档，上传"电子档案袋"）。

（1）名称_____；制作技巧_____。
（2）名称_____；制作技巧_____。

 技术导航

PPT 课件常用制作技巧

1. 将 Excel 表格插入到幻灯片
（1）将 Excel 表格编辑成适合在幻灯片中播放的大小。
（2）选定一张 PPT 幻灯片，然后点击"插入"菜单→点击"对象"子菜单→点击"由文件创建"→点击"浏览"按钮→点击"Excel 表格"→点击"确定"。
（3）双击插入的 Excel 表格，可进行编辑处理。

2. 直接为课件配音
（1）将麦克风插入电脑主机后背声卡"line in"插口；
（2）点击"插入"菜单→点击"影片与声音"子菜单→点击"录制声音"子菜单→点击"开始录音"→点击"停止"键。预放无误，再命名文件（abc）后点击"确定"。
（3）找到需要配音的幻灯片和具体的画面动作，点击"幻灯片放映"菜单→点击"自定义动画"子菜单→点击"效果"按钮→点击"动画方式"按钮→选取录音（abc）→点击"确定"。当播放到该动画时，就会同时播放配音。

3. 将演示文稿保存为自动播放的文件
（1）点击"文件"菜单→点击"另存为"→选择"保存类型"→"命名"保存。
（2）使用者只要双击这个文件，即可直接进入播放状态，非常方便。
备注：PowerPoint 2010 及以上版本还可直接保存为视频格式。

4. Powerpoint 落叶动画效果制作
（1）新建一张幻灯片；

（2）设置好背景图片，然后插入你准备好的枫叶图片；
（3）点击"枫叶"图片→自定义动画；
（4）添加效果→动作路径→绘制自定义路径→自由曲线；
（5）绘制路径，调整播放速度。
备注：设置动画的时候，动画效果是一个接一个的播放，不能同时播放，如果想达到落叶的效果，就要从第二个动画开始设置，播放"从上一项开始"，这样就可以达到所有动画同步的效果。

活动6　微课的创作

本活动的目的是帮助学生了解微课及其构成要素、主要特点、常见分类、创作方法和作品评价。

师生互动7　了解微课及其构成要素、主要特点及其分类

伴随着微时代的来临，微课程、微课堂、微学习悄然兴起，一场由信息技术支撑的教学改革正在席卷而来。微课制作也在一定程度上体现教师的信息素养，学习了解和认识掌握微课制作已成为教师必备技能之一。

1. 阅读资料，观摩案例

自主阅读下面的"理论导学"，思考并简要填写以下内容（要求：完成电子文档，上传"电子档案袋"）。

微课构成要素：_____；
微课主要特点：_____；
微课基本分类：_____。

 理论导学

> **微课的构成要素、主要特点及基本分类**
>
> 1. 微课的构成要素
>
> 微课是指以阐释某一知识点（如重点、难点、疑点、考点等）或是呈现某个教学环节、教育主题、实验过程等为目标，以学习或教学应用为目的，以相对完整、短小精悍的在线视频为表现形式的一种新型教学资源。微课的核心内容是片段性教学视频，同时还包含与课题相关的教学设计（教案与学案）、学习任务单、素材、课件、练习测试、学生反馈抑或专家点评等辅助性教学资源，它们以一定的组织关系和呈现方式共同"营造"一个主题式、结构化、系统性的资源单元应用"小环境"。作为一种新型的教学资源，微课不但有利于"课前预习、新课导入、知识理解、练习巩固、小结扩展"，还从知识粒度上改变了传统课件的设计思路，更是为以"学"为中心的教学改革提供了重要支撑，既顺应了新一轮课程改革需要，也满足了素有"数字原住民"之称的新生代孩子们的广泛学习需求，是一种学习方式的变革。

2. 微课的主要特点

微课是将教学活动中的小现象、小策略、小故事等经过层层剖析，进而把新思维、新知识、新技能和新方法内化到学生头脑中去，是信息化环境下更好促进孩子们知识建构与能力发展的新型教学资源。具有如下特点：

（1）时间短：根据学生的年龄特征、认知特点和有效课堂注意时长，微课的时长一般为5~8分钟，最长不宜超过10分钟。相对学前教育10~25分钟教学活动而言，建议微课时长不超过6分钟。

（2）内容少：微课主要是为了突出某个知识点，或是呈现某个教学环节、教育主题、实验过程的教学活动。相对于较为宽泛的传统教学活动，微课重在集中说明或解决一个问题，主题突出、问题聚集和内容精简，更加适合师生教与学的需要。

（3）容量小：微课视频及配套辅助资源的总容量一般在几十兆，视频格式也支持网络流媒体播放，可提供师生流畅地在线观看，也可便捷地将其下载保存到移动终端，实现泛在学习、翻转课堂和教学研讨。

（4）情景化：微课是一个主题鲜明、类型多样、结构紧凑的"微教学资源环境"。师生在这种真实的、具体的、典型案例化的教与学情景中实现"隐性知识""默会知识"教学，以及实现教育理念、教学技能和学习风格的模仿、迁移和提升。

（5）针对性强：面向学生、聚焦学习和强化重点，微课的教学对象与教学目标十分明确，极富针对性。微课来源教学活动中的具体问题，或是教育思考、或是教学反思、或是难点化解抑或是重点强调等，也是教师个人或在同伴协作下可以解决的问题。

（6）形式灵活：因为容量微小、用时简短，教学形式自然灵活多样，教学内容易于呈现和表达，能充分体现以学生为本、以学生自主学习为主的"一对一"教学思想。

3. 微课的基本分类

根据学前教育特点，可将微课作如下分类：

（1）语言传递为主

① 讲授类：运用口头语言向学生进行情境描绘、事实叙述、概念解释、原理论证和规律阐明等。

② 问答类：按一定的教学要求向学生提出问题，并通过问答的形式来引导学生获取、检查与巩固知识。

③ 启发类：根据教学任务和学习的客观规律，从学生的实际出发，以启发学生的思维为核心，调动学生的学习主动性和积极性，促使他们生动活泼地学习。

④ 讨论类：在教师指导下，由全班或小组围绕某一中心问题发表各自意见和看法，共同交流、相互启发地进行学习。

（2）以直接感知为主

演示类：教师把实物或直观教具展示给学生或者作示范性的实验操作，或是通过信息技术手段呈现，让学生通过实际观察获得感性认识和印证所传授的知识。

（3）以实际训练为主

① 练习类：在教师指导下，依靠学生自觉的控制和校正，反复地完成一定动作或活动方式，借以形成技能、技巧或行为习惯。

② 实验类：在教师的指导下，使用一定的设备和材料，通过控制条件的操作过程，引起实验对象的某些变化，让孩子们在观察这些现象的变化中获取和验证新知识。

（4）以欣赏活动为主

表演类：在教师的指导下，对学习内容进行戏剧化的模仿表演和情景再现，以达到学习交流和娱乐的目的，培养审美感受和提高学习兴趣。可分为教师的示范表演和孩子们的自我表演。

2. 交流讨论，强化提升

教师随机点名同学，交流上述问题。

师生互动 8　掌握微课的创作方法

1. 阅读资料，观摩案例

自主阅读下面的"理论导学"，思考并简要填写以下内容（要求：完成电子文档，上传"电子档案袋"）。

微课选题要点：_____；
微课设计要点：_____；
微课录制方法：_____。

 理论导学

微课的创作方法

1. 选题

选题是微课创作的基础。必须是教育教学中的一个知识点，必须呈现某一个教学环节、教学活动、教育主题、实验过程，还要适合应用多媒体表达。

2. 设计

（1）精心教学设计

首先要适应学科领域；其次要符合学生的认知规律，针对幼儿易于接受以图形、动画、视频形式呈现的教学内容；另外，内容要精炼、科学、严谨；最后，要预见教学效果，具有针对性地解惑、启慧，能有效调动学生的学习主动性。

（2）精美课件制作

首先是呈现的文字言简意赅，其他内容则可以辅助配音，同时具有启发性。其次版面简洁，第一张页面作为微课的"脸面"，应有简明扼要的标题、作者、单位、学科学段、教材信息及必要的页面边框修饰与素雅页面背景；中间页的最顶上可以写着知识点，让人一目了然；中间则放置主题内容，右下角或左下角留出空白，可视情况放置教师画面；尾页设计可以加入感谢语等。整个课件页面应当是 50% 文字、20% 图片、30% 空白，且文字颜色不要超过 5 种；课件页面的上半页与下半页元素内容平衡，不出现头重脚轻、左右失衡的现象；翻页动画不能太多，2~5 种翻页效果合适；切忌出现连续的好几张都全是图片或者全是文字，防止产生审美疲劳。

3. 录制

（1）遵循录制要点

背景最好是白色或是浅色，不出现杂物；声音大小合适，摄像头不朦胧，摄像角度最好为正面；还可根据教学习惯，让一名或多名孩子坐在对面，营造真实辅导情景；对幼儿园可以与孩子们一起录制视频；还要注重肢体语言的应用。

（2）常用录制方法

① 专业视频工具拍摄：选用"摄像机+黑板或电子白板"的教学活动同步摄像。

② 便携视频工具拍摄：选用"手机+白纸+书写笔"的教学演算同步录制。

③ 使用 PowerPoint 2016 制作微课：使用幻灯片放映中的"录制幻灯片演示"逐页录制解说，使用文件中的"另存为"功能，保存为 Windows Media WMV 视频格式。

④ 电脑屏幕录制：选用"电脑+话筒+课件+录屏软件"对课件演示进行屏幕录制，并辅以录音和必要的字幕。在电脑屏幕上同时打开视频录像软件 Camtasia Studio（图23）、教学课件，执教者调整话筒的位置和音量，并调整好课件界面和录屏界面的位置后，单击"录制桌面"按钮开始录制，执教者边演示、边讲解、边录制。录制时还可配合标记工具或其他多媒体软件或素材（详见"资源包"），尽量使教学过程生动有趣。

4. 后期编辑

与"模块四\活动五\（3）音频、视频加工"同理。

图 23

师生互动9 熟悉微课的评价量表并评价微课

阅读"理论导学"，熟悉微课的评价要点。再参照下列评价量表，首先在小组内展开评优，然后进行班级展评（要求：完成表13电子文档，上传"电子档案袋"）。

表 13

制作人：		课件名称：		
一级指标	自我评价		组员评价	
	评语	评分	评语	评分
教育性（20分）				
教学性（20分）				
科学性（20分）				
技术性（20分）				
艺术性（5分）				
创新性（15分）				

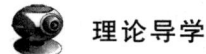 **理论导学**

微课的评价要点

（1）教育性。内容必须符合《纲要》《标准》，表现形式必须符合幼儿教育心理学。

（2）教学性。选题简洁，目标明确，有助于突出重点、突破难点；表现形式合理、新颖，符合幼儿认知规律；适用性强，效果突显，起到传统教学手段力所不及的作用。

（3）科学性。内容正确，逻辑严谨，层次清晰，无政治性、科学性错误；涉及的原理、定义、概念准确无误，阐述的观点、论据和涉及的素材真实、准确；场景设置、素材选取、术语应用、操作流程等符合相关标准；时间适中，符合幼儿认知心理。

（4）技术性。画面清晰，色彩逼真，界面人性化；选用最佳技术手段，充分融合音视频、动画等媒体技术，教学效果好。

（5）艺术性。颜色协调，内容简洁，符合视觉心理；文字、图片、音频、视频、动画等符合主题；构图、色彩、美工、布光、组合等主题鲜明，从视觉和听觉上具有一定冲击力；吸引力、感染力强，能较好激发学生学习兴趣。

（6）创新性。立意新颖，具有想象力和个性表现力。

微课网站推荐：

1. 中国微课网：http://www.cnweike.cn/
2. 微课网：http://www.vko.cn/
3. 江苏省中小学微课大赛平台：http://wk.jse.edu.cn/

回顾与思考（要求：完成电子文档，上传"电子档案袋"）。

1. 简述多媒体课件创作的基本流程和结构形式。
2. 简述多媒体课件的创作要点。
3. 简述微课的评价要点。

课外延伸

1. 回忆和反思本模块的学习过程。如果对哪一部分的学习内容仍有疑问，可借助班级QQ群、微信群与同学、教师进一步交流。
2. 预习模块六关于信息化教学案例评析内容，重点关注案例中的"信息技术融合点"。

模块六 信息化教学案例评析

学习目标

通过本模块的学习,达到如下目标:
◇ 理性认知学前教育五大领域的信息化教学。
◇ 实例感知信息技术与学前教育五大领域的深度融合。
◇ 在小组活动中体验合作学习的过程,在信息化教学从初步整合到深度融合的过程中体验合作学习的重要性。

学习成果

本模块学习结束时,将会获得如下学习成果:
◇ 一份修改完善的《信息化教学活动设计方案》;
◇ 一份修改完善的《主题活动思维导图》。

活动1 学前教育五大领域信息化教学

自主学习1 理性认知学前教育五大领域的信息化教学

创设基于信息化环境下的学前教育活动,可突破时空限制,再现事物发展过程,创设生动教学情景,突出教学重点,化解教学难点,强化教学要点,实现教学过程形象生动和学习内容丰富多彩,充分调动幼儿的多感官参与学习,激发学习兴趣和创新思维,实现师生"教与学"的最优化。

1. 资料阅读,观摩案例

认真阅读下面的"理论导学",了解信息化教学的基本概念和基本知识,用笔勾画出文中重要的句子,并默记于心。在此基础上感知与体验学前教育五大领域信息化教学(要求:完成表14电子文档,上传"电子档案袋")。

表14

五大领域	优势所在	局限之处
健 康		
社 会		
科 学		
语 言		
艺 术		

信息化教学让学前教育绚丽绽放

学前教育的教学内容具有启蒙性和广泛性，按照教学活动的范畴可相对划分为健康、社会、科学、语言、艺术等五大领域，且各领域的内容相互渗透，从不同的角度促进幼儿认知、情感、态度、能力、知识、技能等方面的协同发展。创设基于信息化教学环境下的学前教育活动，不仅引起了教学内容、教学手段的改变，也将引起教育观念、教学模式的革新。信息化教学实现让学前教育奇葩更加绚丽绽放。

一、信息化教学环境下的"健康"教育活动

在健康教育活动中有效运用信息化教学，可以让教育内容丰富多彩、让教学方法灵活多样和让孩子们的学习丰实有味。如组织"洗手"活动：在传统教学中，每次孩子们都会拥挤在一起，然后草草地洗两下就完事了；信息化教学，通过引导孩子们观看教师课前准备好的动画片《可爱的小猪》，小鹿老师来教小猪洗手了"手心手背都洗到，洗的小手真干净"。孩子们在观看的同时也在专心地学着，还入神地模仿小鹿老师的表情呢！这些画面看似简单，但非常符合幼儿的年龄特点。拟人化的动作与表情、鲜艳的色彩与动感画面，深深地吸引着孩子，并将成为孩子们学习的榜样。再如，针对体育健康活动，可通过创作微课或是网络搜索动画短片，让示范动作规范精准和体育教学妙趣横生，也让教师教得轻轻松松、孩子学得快快乐乐。

二、信息化教学环境下的"社会"教育活动

社会教育中的不少内容无法让幼儿现实感知，教学实施困难。运用信息化教学弥补传统教学的不足，实现历史再现、时空跨越和微观虚拟，化抽象为具体，化静止为动态，突出重点、化解难点和强化要点，让教学内容直观化、感性化、形象化和具体化，易于让幼儿观察、认知、想象和理解。如在组织社会活动《甜甜的话》教学中，教师可事先从网上下载《山羊踩痛小公鸡》视频，在课前播放让幼儿观看欣赏，幼儿在愉悦的视听环境中获知"歉意""原谅""对不起""没关系"等"甜甜的话"的表达方式和礼节作用，继而引导幼儿在生活中学会、会用礼貌语言。

多媒体课件的图像、声音和色彩的巧妙运用，能矫正幼儿的认知行为、引导幼儿的学习探究、调动幼儿的主动思考和激发幼儿的创新思维，让孩子们在轻松自由的学习氛围中不断提高观察事物、分析事物和解决问题的能力，实现幼儿的社会认知、情感和行为的协同发展，帮助孩子正确认识自己和他人，养成对他人、社会亲近及合作的态度，共同促进幼儿良好社会性品质的形成。还可通过创建家长QQ、微信群，教师将教学资料、家长将生活素材等共享网络平台，实现家园互动，增强家园合作。

三、信息化教学环境下的"语言"教学活动

好奇、好动是幼儿的本性。在语言教学活动中使用信息化教学，把静态的事物转化为动态的画面，把学习内容拟人化、游戏化，定能使幼儿产生新奇感、吸引他们的注意和激发他们的兴趣，更好发展孩子们的语言感知和表达能力、语言理解与思辨能力。如在组织语言活动《花瓣 树叶 草片》教学中，利用信息化图文并茂、动静相融的效果，引导幼儿观察与对比花瓣、树叶、草片的不同特征，再拟人化地让蝴蝶把花瓣当做沙发、蜜蜂把树叶当做滑板、蚂蚁把草片当做小船等情景呈现在幼儿眼前，引导孩子们有效表述和大胆表达。教师还可引导幼儿思考：蝴蝶躺在花瓣上、蜜蜂蹬着树叶滑行、蚂蚁划着草片是怎样的心情？幼儿在轻松自由的环境中思考交流，不仅提高了语言表达能力，还较好地培养了孩子们的创新思维。

四、信息化教学环境下的"科学"教学活动

无论是城市幼儿还是农村孩子，由于出身环境和生活经历所限，均缺乏对许多事物的亲身接触，比如城市幼儿可能未见过牛羊，农村孩子可能未乘坐过飞机……科学知识可能知之甚少。因此，在科学教学中，充分利用信息化教学优势，突破时空限制，创设生动、形象、直观、丰富的教学情景，让孩子们在认知、领会的基础上，进一步理解和掌握学习内容。如在进行《遥远的极地》教学时，老师扮演"导游"，孩子们扮演"小游客"，"导游"带着"小游客"一起乘飞机去南北极旅游，随着"导游"浅显易懂的语言讲解以及课件场景的一幕幕呈现，自然把孩子们带入到遥远而神秘的南北极冰雪世界：千里冰封、万里雪飘的美丽景色；狡猾而又可爱的北极狐狸、彬彬有礼的南极绅士"企鹅"等各种有趣的动物，还有北极住着冰屋的爱斯基摩人都一一呈现在孩子们的眼前，他们不断地发出：哇！好多冰雪啊、好漂亮啊、好冷呀……的感叹声。在这次认识"遥远的极地"活动里，充分借助信息化媒体、资源与技术手段，为幼儿创设"身临其境"的场景，不仅把遥远而神秘的南北极冰雪世界带到了孩子身边，激发了孩子们的认知兴趣和探究欲望，还让孩子们理性感知了科学的神奇，在孩子们幼小的心灵里埋下了好奇、崇尚科学的种子。虚拟现实（VR）技术的应用，更是实现让视角、听觉、触觉甚至于嗅觉和味觉等多感官共同参与学习，提高学习效果。

五、信息化教学环境下的"艺术"教学活动

1. 让音乐教学声情并茂

文本、声画、色彩等信息的加工、变换和重组，不仅可让幼儿欣赏到好听的音乐，而且在不断的视觉、听觉多感官作用下，激励幼儿对音乐活动的兴趣、对音乐节奏的感知和对音乐情感的理解。如组织《小鼓手》音乐活动，为帮助幼儿理解并记住歌词，提高幼儿意义识记的能力，可根据歌词内容设计电脑动画，当唱到"我是一个小鼓手"时，屏幕上出现一位小朋友，面前放着一面大鼓，手拿鼓槌；当唱到"敲起大鼓咚咚咚"时，屏幕上的小朋友做敲鼓动作；当唱到"太阳听了微微笑"屏幕上出现一个太阳宝宝面带微笑；当唱到"花儿听了点点头，小鸟听了跳起舞，小朋友听了多高兴"屏幕左下方出现几朵拟人化的花朵在微笑着点头、天空中的小鸟在飞来飞去和小朋友一边拍手一边唱歌。这样，幼儿一边看视频，一边模仿动作，一边跟唱歌曲，自然很容易识记歌词和学会歌唱，也能较好地激发幼儿用动作来表现音乐作品的灵感。

2. 让美术教学异彩纷呈

精准、巧妙地运用信息化教学，不仅能将美术活动中"手工制作"的材料、步骤、细节和完成的作品展示出来，还可突破时空限制和情景模拟再现，让幼儿详细了解难以获知的现象和仔细观察的细节，丰富幼儿的经验感知和技艺认知。如组织《多彩的海底世界》绘画活动，先让幼儿通过观看"海底世界"影像资料，对色彩缤纷的海洋鱼类、珊瑚等海底景色形成直观印象，也因此建立一定的经验感知：各式各样的鱼在海底游来游去，自由"舞蹈"，千姿百态，同时配上欢快活泼的音乐，孩子们感觉到大海似乎就在他们身边，使孩子们在大脑中形成对深海的鱼的一定印象，自然会对学习内容产生浓厚兴趣，创作欲望也自然剧增，为创作出一幅幅完美的图画做好了铺垫，也激发了幼儿感受美、表现美的情趣。在此基础上，教师再通过创作的微视频呈现简要的绘画要点与绘画过程，并辅以表现方式和技巧的适当指导，定能让教师教得清清楚楚，让孩子们学得明明白白，孩子们也定能创作出各具特色的美术作品。

3. 让区角活动延伸拓展

在区角活动中，教师也可充分借助信息化媒体资源，提供一些音像资料让幼儿去观赏，扩大幼儿的知识面、开阔幼儿的眼界和增长幼儿的见识。如在组织《我是中国人》主题活动中，为了激发孩子们爱祖国、爱家乡的情感，鉴于幼儿对自己的家乡了解不够全面，为了让孩子能够多了解一些家乡的特产、家乡的变化和家乡的风土人情，任课教师可特意去拍摄家乡的山川河流、古寨民居和民族风情，提供给孩子在区域活动中观看，激发他们热爱家乡的情感。

2. 小组讨论，集体分享

各小组就下面两个问题（或自选之一）深入讨论，边交流边填写表15（要求：先在小组内围绕"主题"开展讨论，然后推选小组代表收集、整理和提炼讨论意见，上传班级"主题讨论"，进一步交流分享）。

（1）什么情况下信息化教学在教学活动中使用是必要的？

（2）怎么样的信息化教学充分体现信息技术与学前教育从初步整合到深度融合？请举例说明。

表15

问题1	问题2

活动2　学前教育信息化教学案例评析

本活动的目的是帮助学生实例感知信息技术与学前教育五大领域的深度融合。

师生互动1 实例感知信息技术与学前教育五大领域的深度融合

在回顾上述"理论导学"基础之上，仔细研读下列五个代表性案例，以小组形式进一步分析交流，并将交流讨论情况填写在下列横线上（要求：完成电子文档，上传"电子档案袋"）_____
_____。

例1. 课堂教学活动设计案例（健康）

设计教师：＊＊＊　　　　　　　　　　　　　　　　　任教学校：＊＊＊幼儿园

活动名称	我最喜欢的运动	涉及领域	健康（体育）	班级	大班	课时	25分钟
一、活动背景							
《幼儿园教育指导纲要（试行）》中指出："幼儿园教育内容的选择应贴近幼儿的生活，符合幼儿的兴趣、爱好，同时应有助于拓宽幼儿的视野。"本活动结合幼儿对于奥运知识的了解，通过看奥运、谈奥运、学奥运、画奥运等环节将奥林匹克运动现实化和生活化，让幼儿觉得关注奥运不再是大人的事，它与每个人都息息相关，我们也要加强身体锻炼，要有热爱运动的意识和行为。同时让幼儿学会关心和了解国家大事，培养幼儿的爱国主义情感和中华民族自豪感。 本活动能够满足幼儿对奥运会中各种运动项目的好奇和求知欲，共同体验团结与友谊，感受运动的激清与快乐。活动过程是一个气氛和谐、彼此分享快乐的过程，幼儿可以聆听教师的精彩讲解，教师可以感知幼儿的独特想法，师幼在活动中互动成长。							

二、活动目标

1. 情感目标（情感态度）：激发幼儿热爱运动，产生观察人物运动动态的兴趣，激发幼儿作为中国人的自豪感和爱国主义情怀。
2. 能力目标（能力发展）：能大胆讲述和独立表达自己的见解。
3. 认知目标（认知学习）：能用图示形象地表现各种体育运动项目，表演人物动作，用动作表现运动。

三、活动重点、难点

1. 重点：了解多种体育运动项目、人物运动动作和奥运图标。
2. 难点：学会用图示构思并形象地表现各种体育运动项目

四、活动方法

幼儿是活动的主体，教师是幼儿活动的组织者、引导者和支持者。活动过程中，将传统以教师"教"为主转化为以幼儿"学"为主，促进幼儿的自主学习和知识建构，通过情境导入、交流分享、主动体验等形式帮助幼儿主动学习和快乐成长。

五、活动准备

1. 经验准备：通过谈话了解幼儿喜欢的各种体育运动项目，根据需要从网上、图书里详细了解相关运动名称和比赛规则，并充分发挥家长资源，将活动设想与要求用孩子的话来告知，让家长也全面了解并支持教学活动的开展和延伸。
2. 硬件环境：装配有信息化教学终端设备的教室。
3. 软件资源：多媒体课件。

六、活动过程

活动环节	教师活动	学生活动	信息技术融合点	设计意图
开始部分（看奥运）	播放课件，激疑引趣（通过多媒体课件播放引出福娃，激发幼儿学习兴趣，让幼儿初步了解福娃的形象和寓意，知道每个福娃代表不同的运动项目并有着非常美好的祝愿。福娃的形象设计应用了中国传统艺术的表现方式，展现了中国的灿烂文化。其中：贝贝传递的祝福是繁荣；晶晶来自广袤的森林，象征着人与自然的和谐共存；欢欢是一个火娃娃，象征奥林匹克圣火；迎迎来自中国辽阔的西部大地，将健康的美好祝福传向世界；妮妮把春天和喜悦带给人们，飞过之处播撒"祝您好运的美好祝福"）	静观课件，聆听讲解，积极思考	播放《福娃迎奥运》视频	播放《福娃迎奥运》多媒体课件，该课件具有形象生动的图像，动静结合的画面，其智能性的启发和引导，增强了幼儿的学习兴趣和对所学知识的形象感受，能够最大化地吸引幼儿的课堂注意和激发学生思考

基本部分	活动一 （谈奥运）	抛出问题，引发思考（奥运会每四年召开一次，每届奥运会上都有许多精彩的运动项目。中国人口众多，是体育大国，我国的运动员在奥运会上都有精彩的表现，在强身健体的同时也能为祖国赢得荣誉。请幼儿自由讨论交流，说出自己最喜欢的运动项目或者什么运动让自己最快乐，并说说理由）	自主讨论，交流分享		教师为幼儿创设一个想说、敢说、积极应答的环境，鼓励幼儿大胆、清楚地表达自己的想法。促进幼儿在活动中不断构建新的经验，让每一个孩子都有表达的机会，从而促进幼儿语言和思维的发展
	活动二 （学奥运）	明确任务，示范引导（请幼儿思考如何用肢体动作来表现自己最喜爱的运动项目。在教师示范引导基础上，尝试着做出运动项目的动作，并让大家猜一猜是什么运动项目，也可以由两人相互配合来组合动作模仿。通过活动，让幼儿自然、主动地走近奥运、融入奥运，了解更多的体育运动项目，并感受相互合作的重要性）	动作模仿，协作完成		通过肢体动作的模仿，可以让幼儿了解不同运动项目的表现形式，巩固已有经验，为下步画运动图标做好铺垫
	活动三 （学奥运）	播放图片，拓展思维（组织幼儿观看PPT课件，了解更多的体育运动项目和与其相对应的运动图标。北京2008年奥运会体育图标以篆字笔画为基本形式，融合了中国古代甲骨文、金文等文字的象形意趣和现代图形的简化特征，符合体育图标易识别、易记忆、易使用的要求，也使北京奥运会体育图标显示出了鲜明的运动特征、优雅的运动美感和丰富的文化内涵）	欣赏图标，拓展思维	播放《体育运动图标》PPT课件	播放《体育运动图标》PPT课件，让幼儿欣赏、观察更多奥运图标，有助于幼儿理解和掌握奥运图标的特点，拓展与创新思维，为下一步动手绘画打下视觉基础

基本部分	活动四（画奥运）	任务导向，个别指导（请幼儿用描笔并以图标的形式把自己最喜欢的运动项目表现出来，然后利用实物展台展示幼儿绘制的奥运图标。使幼儿在潜移默化中了解奥运相关知识，激发幼儿期盼奥运的情感。以实际的爱心行动弘扬奥运精神，进行爱国主义教育，在孩子们的心中播下"和平、团结、友谊、进步"的种子）	图形临摹，实践体验，展示分享	播放舒缓的音乐。展示幼儿绘制的奥运图标	播放舒缓的音乐，作为幼儿绘画的背景音乐，有助于幼儿专注、愉快地体验活动乐趣；利用实物展台展示幼儿绘制的奥运图标，有助于培养学生成就感。以绘画这种幼儿喜爱的形式来表现运动图标，可以将幼儿的所学有效地迁移，综合提升幼儿的素质和能力
结束部分		简要梳理回顾学习要点	交流分享学习收获		活动总结

七、活动反思

幼儿对2008在北京召开的奥运会有较大兴趣，对于各种体育运动项目也有强烈的好奇心。本节活动课，教师在教学过程中利用多种方式对幼儿进行引导，为每一位幼儿提供良好的展示和表达机会。激励幼儿动脑思考、动手操作和开口交流。不仅使幼儿加深了对体育运动项目的了解和喜爱，又能使幼儿萌发爱国主义情怀和民族自豪感。幼儿自然是主动积极地关注奥运、走近奥运和融入奥运。

活动中，教师非常重视幼儿的兴趣和需要，努力营造让他们根据自己已有的知识经验去探索的机会，从而掌握更多的奥运信息。在活动中，还应充分挖掘活动的教育目标，有舍有得；还应更加合理地分配时间，特别是"学奥运""画奥运"环节应该设计更加宽裕的时间；另外还要把握好幼儿原有经验和新经验之间的联系，帮助幼儿顺利掌握新知识；还要让材料的运用更加合理，在讲到一些运动图标如乒乓球时，可以适当融入国球的介绍，使幼儿更好萌生爱国主义情怀。

案例评析：

本活动是幼儿园在教学过程中根据幼儿的认知特点生成的园本活动。幼儿对于北京奥运会及其运动项目感兴趣并有好奇心，是引发本活动的真正动因。整个活动的组织和实施，充分体现出了幼儿的主体地位，尊重了幼儿主动发展的意愿，幼儿能够积极参与、表现，主动建构和迁移新知，较为顺利地达成了教育目标。

幼儿以形象思维为主，在活动过程中，教师通过多媒体课件，呈现丰富多彩的视听信息，非常符合幼儿的年龄特点，幼儿通过观看多媒体课件中五福娃的不同运动和各种各样的体育运动图标，具体、直观、形象地了解了各种运动项目，激发了幼儿的学习兴趣和探究欲望，有效、优质地完成活动任务，将信息技术与课程教学有效融合，让课堂大放异彩。

案例2. 课堂教学活动设计案例（语言）

设计教师：___***___　　　　　　　　　　　　任教学校：___***幼儿园___

活动名称	亲爱的小鱼	涉及领域	语言	班级	中班	课时	20分钟

一、活动背景

　　幼儿阶段是语言发展的关键时期，在幼儿教育中语言学习又是重要的教育内容之一，《幼儿园教育指导纲要（试行）》中指出培养幼儿良好的倾听习惯，发展幼儿语言理解能力和表达能力是幼儿语言学习的重要要求。本活动是幼儿从猜测故事情节到进行情感表述的一个案例，活动通过欣赏故事和观看视频，使幼儿理解故事内容，充分感受人物之间浓浓的爱和快乐健康的生活，并将这份爱与快乐迁移到生活中，体验父母及亲人对自己的爱，思考自己应该怎么做来回报他们。

　　中班幼儿好奇心强，思维活跃，懂得分享与合作，知道寻求他人帮助和给予他人帮助。但由于幼儿的年龄特征所限，对于爱的理解不是很明确，在遇到自己喜欢的事情上，还是会体现出自私的心理和行为。针对幼儿的这一特点，发掘教材的趣味性，充分调动幼儿的各种感官来有效促进语言表达能力的培养。

二、活动目标

1. 情感目标（情感态度）：体验绘本阅读的乐趣。
2. 能力目标（能力发展）：能根据故事情节发展，大胆想象，猜测情节，并用连贯的语言表达想法。
3. 认知目标（认知学习）：感受小猫和小鱼之间浓浓的爱，能用较完整的语言表达情感。

三、活动重点、难点

1. 重点：感受小猫和小鱼之间浓浓的爱，懂得感恩。
2. 难点：能猜测故事情节并用完整的语言表达自己的情感。

四、活动方法

　　根据活动特点和幼儿年龄特征、认知能力，选用提问法、讨论法等教学方法及信息化教学手段，创设情景和直观呈现，充分激发幼儿的想象力和表达欲望。

五、活动准备

1. 经验准备：通过有目的的提问、猜测、想象、表述等手段有效地促进幼儿理解故事内容，感受人物之间浓浓的爱，在此基础上及时将这份爱迁移到现实生活中：爸妈的爱、老师的爱、同学的爱以及其他所有爱我们的人，让我们快乐健康地生活。
2. 硬件环境：装配信息化教学终端设备的教室。
3. 软件资源：《亲爱的小鱼》PPT，《宝宝成长故事》视频，《温柔的雨》音乐。

六、活动过程

活动环节	教师活动	学生活动	信息技术融合点	设计意图
开始部分（激发兴趣，导入课题）	1. 播放故事PPT封面——引导幼儿观察图片上有谁？他们之间会发生什么故事？ 2. 播放故事PPT第一页——提问：小猫拿什么喂小鱼？为什么拿这么长的面包呢？请幼儿仔细观察小兔子哈里的外部特征。 3. 有感情地朗读文字。	1. 观看故事PPT。 2. 对故事进行猜想。 3. 讨论小兔子哈里的外部特征有哪些？	播放故事PPT封面、第一页	播放PPT引出故事主人公——小猫和小鱼，给幼儿提供猜想故事的机会。通过观察图片，让幼儿想象他们之间会发生些什么？这种想象是为幼儿提供发散空间，有效引起幼儿猜测故事内容的欲望和进一步参与活动的兴趣

基本部分	活动一	1. 播放PPT第二页并提问：他们在干什么？并适时关注幼儿关键性的回答：平时谁这么亲过你？为什么亲？ 2. 播放PPT第三页并提问：这条鱼有什么变化？并进行总结和提出发散性问题：小朋友快想办法让这条鱼游得更舒服、自在！ 3. 播放PPT第四页、第五页，有感情地读出文字，然后提出发散性问题：小猫很喜欢小鱼，为什么要把它送到大海里还那么开心？小猫不爱小鱼了吗？ 4. 播放PPT第六页并提问：看着这只小猫的背影，感觉小猫现在的心情怎么样？再跟进性提问：我们快帮小猫想一个办法，怎样让小鱼知道小猫在等它？ 5. 播放PPT第七页，有感情地阅读文字，并提出发散性问题：小鱼会回来吗？猜猜小猫对着大海会说些什么？ 6. 播放PPT第八页，提出：小鱼真的回来了，他嘴里叼着什么？坐在石头上的小猫是什么表情？为啥这么开心呀？ 7. 播放PPT第九页，直接读文字，提出问题：它们到岛上会做什么呢？播放PPT第十页，并提出疑问。 8. 这个好听的故事还没有名字，谁能帮助想个好听的名字？	1. 仔细观察图片，猜测、想象并进行表述。 2. 结合图片进行猜测、表述。并快速思考让这条鱼游得更舒服、自在的办法。 3. 结合图片大胆表述。 4. 结合图片大胆想象、表述，并在小伙伴间进行讨论交流。 5. 思考小鱼是否会回来？猜测小猫对着大海会说些什么？ 6. 问题——帽子；然后观察小猫的表情及讨论交流和猜测为啥开心？ 7. 玩"接帽子"游戏。 8. 讨论归纳故事的名称：亲爱的小鱼。	播放故事PPT第一、二、三、四、五、六、七、八页	直观的画面欣赏，有利于幼儿对故事内容的理解和对人物之间感情的体验。 通过逐页观察图片，猜测、想象、交流，幼儿对故事的内容和人物关系特点有了基本的掌握，利于幼儿对故事内容的理解和对人物之间感情的体验
	活动二	1. 播放《亲爱的小鱼》故事PPT、背景音乐，有感情地完整讲述故事。提出：（1）听完故事，谈谈有什么感觉？（2）在你生活中谁像小鱼？谁像大猫，给了你哪些快乐和自由？	1. 观看《亲爱的小鱼》故事PPT，聆听背景音乐和教师讲述故事，思考老师提出的问题	1. 播放《亲爱的小鱼》故事PPT、背景音乐	让幼儿完整观看《亲爱的小鱼》故事PPT、聆听背景音乐和教师讲述；欣赏《宝宝的成长故事》视频，

基本部分	活动二	2.播放《宝贝的成长故事》视频,提出讨论:(1)爸爸妈妈为我们付出这么多,我们应该怎样做?(2)总有一天你们也会像小鱼一样长大,父母也会像哈里的爷爷一样变老,你要怎样报答爸爸妈妈?	2.观看《宝贝的成长故事》视频,分享宝贝的成长快乐,讨论老师提出的问题	2.播放《宝贝的成长故事》视频	更好地渗透浓浓的爱,让幼儿深刻体会在自己的成长道路上,爸爸妈妈付出的爱。幼儿通过故事内容与人物的讨论、思考,并将其迁移到生活中来,更容易感受父母及亲人对自己的爱
结束部分		简要回顾学习要点	交流分享学习收获		活动总结
延伸部分		音乐律动: 播放《我爱我家》视频,并以"手语"示范引导	参与音乐律动	播放《我爱我家》视频	通过手语操,拓展活动内容,提示他们去关心身边的亲人,尝试用不同的方式表达对亲人的爱;将故事迁移到现实生活,把美好的情感与身边的现实相结合,培养幼儿关心、爱护、尊重他人的良好品质

七、活动反思

　　《亲爱的小鱼》故事优美,渗透深厚的感恩情怀,蕴含深刻的教育意义。结合中班幼儿年龄特点及认知水平,活动目标的三个维度清晰、重点突出、难点明确。

　　活动有效运用PPT课件,让幼儿直观感受人物故事的变化,使幼儿层层递进式地对故事完整建构;《宝宝的成长故事》视频欣赏,让幼儿进一步感受到浓浓的爱。信息化教学,让幼儿始终在看图片、猜情节、乐思考、勇于表述的过程中提升思维品质。

　　教师富有感情地完整讲述故事,让幼儿深刻地体会到小猫和小鱼之间浓浓的爱,充分调动了幼儿的情感,也让他们深刻地感受到了爱的温情、爱的表达和懂得感恩身边的人。

　　不足之处在于故事欣赏过程中,问题的提出有些啰嗦,问题的有效性不够好,一定程度上还干扰了幼儿的思考与表述。"懂得感恩"是一个永恒的话题,仍需系列活动开展。

案例评析:

　　《亲爱的小鱼》的作者是法国安德烈·德昂,他的作品独树一帜,温暖、纯真而富有梦幻色彩,他创造的绘本故事不仅有缤纷斑斓的画面,更是用心传达着深刻的寓意、流露着浪漫的诗情、吟诵着爱与希望。

　　读本教学通常是针对故事的具体描述,但在教学的过程中教师为了深化教育目标,用适当的提问将孩子的生活经验迁移进来。让孩子亲自尝试体会，不仅增加孩子对读本的理解，同时也给孩子带来了快乐的爱的感受。例如"小猫和小鱼在干什么？""平时谁这么亲过你？""为什么？小朋友互相亲一亲？""小猫和小鱼在玩什么？""我们也来玩一下接帽子的游戏吧？"等等，友爱之乐尽在其中。教师除了运用提问与动作体验进行迁移外，还运用了精心设计的饱含感恩之情的 PPT 素材，孩子们通过对自己成长过程的回想，感受到了被爱的幸福与快乐，更能体会到父母对自己的养育之恩，教育目标达到了深化，教学活动推向了高潮。

语言活动的价值重在锻炼孩子的表达能力，同时使孩子的情感、态度等都获得成长与提升，最终促进幼儿的心智成长。

案例 3. 课堂教学活动设计案例（社会）

设计教师：＊＊＊　　　　　　　　　　　　　　　　　任教学校：＊＊＊幼儿园

活动名称	欢乐购	涉及领域	社会	班级	大班	课时	25分钟
一、活动背景								
幼儿的社会性认识、感情和行为的发生发展，是在与同伴和成人的多种不同形式的交往过程中逐步建立和完善的。 　　幼儿与同伴之间的相互分工、合作、分享等行为取决于很多因素，其中包括共同的活动目的、公共资源的数量、个别资源的均衡程度以及个别能力或经验的丰富程度等。因此，儿童社会教育要为幼儿提供人际间相互交往和共同活动的机会和条件，并加以正确引导，在尊重、宽容、接纳、积极的教育原则下实施生活教育。 　　本区域活动，让幼儿在非常喜欢的角色游戏——购物中更仔细地观察物品的细节特征，并体验团队合作的乐趣。							
二、活动目标							
1. 情感目标（情感态度）：幼儿积极地参加到游戏中来，乐于接受挑战。 2. 能力目标（能力发展）：能与小朋友合作，并尝试适当有效的分工合作。 3. 认知目标（认知学习）：能在短时间内记住多种生活中的物品，能通过物品的某一细节特征推断物品名称。							
三、活动重点、难点							
1 重点：在规定时间内与小朋友分工合作完成游戏。 2 难点：在短时间内识记多种生活物品，并能通过物品的某一细节特征推断物品名称。							
四、活动方法							
1. 活动策略：通过三次完成购物清单的游戏要求，引导幼儿参加游戏。 2. 活动设计 （1）三次购物清单分别为：第一次购物清单为八张打印的物品图片；第二次购物清单是六张只有物品一部分的图片（用 PPT 形式展现）；第三次购物清单是十张物品的图片（用 PPT 形式展现）。 （2）伴有"滴答"声的计时大闹表（用 PPT 形式展现），用于活动计时。							
五、活动准备							
1. 经验准备：收集幼儿生活中的物品，如包装盒、筒、瓶等，以丰富游戏环境——"超市"。 2. 硬件环境：装配信息化教学终端设备的教室。 3. 软件资源：PPT 教学课件。							

六、活动过程

活动环节		教师活动	学生活动	信息技术融合点	设计意图
开始部分		对孩子们进行分组；介绍活动名称及游戏要领	按老师提议组建小组；聆听、领会游戏要领		营造良好的游戏氛围，在轻松快乐的情绪中进入游戏
基本部分	活动一	呈现纸质购物清单，指明购物数量（四件），提示购物时间，指导孩子购物，抽选孩子交流购物原因。	自主购物，展示购物样品，交流购物原因。	屏幕上呈现PPT计时闹钟	在屏幕上呈现辅以"滴答"声的PPT计时大闹钟。激发游戏兴趣，鼓励接受挑战
	活动二	在屏幕上呈现PPT购物清单，引导孩子观察物品特征，指导孩子二次购物	观看屏幕上的购物清单，仔细观察并判断物品名称，在规定时间进行第二次购物	屏幕上呈现PPT购物图片、PPT计时闹钟	在屏幕上呈现六张PPT购物图片及PPT计时闹钟。引导幼儿细致观察并在规定时间内作出准确购物。提供幼儿协作购物的机会
	活动三	先在屏幕上呈现PPT购物清单，引导孩子识记物品特征，然后在关闭屏幕后，请每组幼儿在规定时间内、按购物清单上的物品购物	观看大屏幕上的第三张购物清单并识记物品；凭借记忆进行购物	屏幕上呈现PPT购物图片、PPT计时闹钟	在屏幕上呈现无规律地摆放的十张PPT购物图片及PPT计时闹钟。增加游戏难度，培养孩子勇于面对困难和接受挑战的精神
结束部分		统计三次购物后，每组的购物商品的件数，发放购物奖励券，结束游戏	展示购物件数，领取购物奖励券		鼓励幼儿协作意识和建立自信心

七、活动反思

游戏内容本身很适合本年龄段的幼儿，他们喜欢模仿成人的工作和生活，游戏中将真实的生活再现，为幼儿提供了亲自体验和尝试的机会。游戏过程由浅入深，由易到难，不断提出新问题和接受新挑战，引导幼儿循序渐进、一步步完成学习任务。

在游戏中，幼儿表现出了很强的自信心，能主动地参与活动。乐意与同伴合作，过程中尝试了很多人做同一件事情时应如何互助协作的方法。理解并遵守游戏规则，能努力完成任务，积极地接受新的挑战。观察力、记忆力等各项能力均得到很好的锻炼。

教师在整个游戏过程中能很好地参与幼儿的游戏，成为幼儿的合作者、支持者和引导者，对幼儿的原有经验了解充分并在原有经验上加以提高。

游戏中技术手段的使用增强了游戏的趣味性，将游戏规则具体形象化，既调动了幼儿的主动性，又充分体现教师的主导地位。

案例评析：

这是一个充分体现了信息技术在教学过程中起到重要作用的案例。活动主题鲜明，生动有趣，适合幼儿的年龄特点和发展水平，巧妙地运用信息化教学媒体和各种教学策略解决活动中的重难点问题，很好地完成了活动目标。

活动案例设计巧妙而生动，能激发幼儿的交往愿望，提高合作的能力，培养幼儿的观察力、记忆力和解决问题的能力，帮助幼儿建立了良好的社会性经验。

活动内容、要求兼顾了群体需要和个体差异，使每个幼儿都能得到发展，都能体验成功的喜悦，获得成就感。

社会领域的教育具有潜移默化的特点，幼儿社会态度和社会情感的培养尤应渗透在多种活动和一日生活的各个环节之中，要创设一个能使幼儿感受到接纳、关爱和支持的环境，为幼儿提供人机交互、人际交往和共同活动的机会和条件。

案例 4. 课堂教学活动设计案例（艺术音乐）

设计教师：___***___　　　　　　　　　　　任教学校：___***幼儿园___

活动名称	小兔子的菜地	涉及领域	艺术（音乐）	班级	小班	课时	15分钟
一、活动背景							
活动的设计主要体现了《幼儿园教育指导纲要（试行）》中"尊重幼儿身心健康发展规律和学习特点"要求，以游戏为基本活动而设计。 根据小班幼儿爱动、控制能力差以及思维的形象性、记忆的随意性等特点，首先通过念儿歌形式培养节奏感。学儿歌不仅是为丰富幼儿的词汇、纠正幼儿的发音，儿歌独有的整齐韵律、强烈节奏和极富韵美等，也有助于幼儿对音乐节奏的掌握和艺术素养的提升。 活动选用《小白兔》这首儿歌，运用信息化手段创设故事情境，激发学习欲望，使幼儿在情境中不知不觉地掌握节奏型｜xx x｜xx xx｜，又通过创编如拍手、踩脚、踢腿等部分身体动作，巩固对节奏感的掌握，让幼儿在创编过程中获得满足感和成就感。							
二、活动目标							
1. 情感目标（情感态度）：体验帮助别人的快乐。 2. 能力目标（能力发展）：能够运用手势动作，准确地表现儿歌的节奏。 3. 认知目标（认知学习）：通过故事情境，感受儿歌中｜xx　x｜、｜xx xx｜节奏型。							
三、活动重点、难点							
1. 重点：能够看图示正确表现节奏。 2. 难点：能够手口一致协调配合地利用手势动作表现节奏。							
四、活动方法							
本活动综合运用情境教学法、观察法、图示法、示范法，并结合信息化教学手段，让幼儿在游戏中快乐学习。 活动运用幼儿喜欢的小兔子、灰太狼等动物形象，通过配音让其更加生动逼真，激发学习欲望；通过信息化手段以动画来感受节奏的快慢，利于幼儿接受；利用手势动作为幼儿提供自我展示的平台，在创编动作的过程中让幼儿获得满足感、成就感。							
五、活动准备							
1. 经验准备：儿歌《小白兔》。 2. 硬件环境：装配信息化教学终端设备的音乐教室。 3. 软件资源：PPT课件，录音。							

六、活动过程

活动环节	教师活动	学生活动	信息技术融合点	设计意图
开始部分（情景导入）	（呈现图片：菜地遭到灰太狼的破坏，菜地里没有了蔬菜，小兔子请小朋友帮忙一起种菜）	观看图片，引发问题思考	屏幕呈现PPT课件	通过呈现小兔子图片与配音，拟人化的兔子形象和幼儿熟知的灰太狼形象深深吸引幼儿的注意，充分调动幼儿参与活动的欲望
基本部分 活动一（观察与感知）	与幼儿共同寻找解除魔法的咒语（灰太狼将兔子村的种子仓库施了魔法，只有说出咒语才能获得种子——幼儿发挥想象，大胆表述自己的想法），引出并哼唱儿歌《小白兔》	与教师一起共同寻找解除魔法的咒语，引出并哼唱儿歌《小白兔》，初步感受节奏	屏幕呈现灰太狼和种子仓库图片，并为灰太狼配音；使用PPT课件，种子跟随教师说出的儿歌节奏逐一显现	通过呈现灰太狼和种子仓库图片，并为灰太狼配音，也增强神秘感。使用PPT课件，种子跟随教师说出的儿歌节奏逐一显现出来，调动幼儿探索的欲望
基本部分 活动二（加深节奏感知）	播放PPT课件并提示：观察种好的菜地里种子的分布，思考菜地里会长出什么蔬菜呢？PPT课件（蔬菜随节奏生长）并引导幼儿说儿歌感受节奏（播放音乐）。 XX X|XX X| 小白兔 白又白 XX XX|XX X| 两只耳朵 竖起 来 XX XX|XX X| 爱吃萝卜 爱吃 菜 XX XX|XX X| 蹦蹦跳跳 真可 爱	观察种好的菜地，跟随老师引导，思考菜地里会长出什么蔬菜呢？跟随老师说儿歌，感受节奏	PPT课件呈现菜地里的种子；PPT课件呈现菜地里的蔬菜跟随节奏慢慢生长的过程	借助PPT课件呈现——菜地里的蔬菜跟随节奏慢慢生长出来。通过具体直观的形象，吸引幼儿的课堂注意，帮助幼儿感受节奏
基本部分 活动三（巩固节奏感知）	引导幼儿为儿歌配手势伴奏；整理规范幼儿创编的动作节奏；师生共同随音乐进行手势伴奏	在老师引导下，为儿歌配手势伴奏；配合老师整理创编的动作；与老师一起随音乐进行手势伴奏		考虑幼儿的个体差异，帮助能力较弱幼儿获得知识的巩固，也帮助能力强的幼儿积累新经验。为幼儿提供自由表现的机会，较好达成满足感和成就感的建构

结束部分	呈现小兔子感谢小朋友帮助的动画，让幼儿感受帮助别人的快乐；引导幼儿：得到别人的感谢应该主动说"不用谢""别客气"等	感知帮助他人的快乐；知道得到别人的感谢，应该主动说出"不用谢""别客气"等文明用语	PPT课件呈现小兔子感谢的配音动画	借助PPT课件呈现小兔子配音动画，并与幼儿互动。在活动中渗透礼仪的知识，让幼儿做讲文明懂礼貌的孩子

七、活动反思

活动是在"蔬菜营养多"主题下生成的教学活动，结合小班幼儿的认知特点，选择小兔子活泼、生动的形象吸引幼儿，激发幼儿主动学习、主动探索的欲望。

活动中，教师选择信息化教学手段赋予活动以声情并茂，让幼儿有种身临其境的感觉；教师成为幼儿的学习伙伴，为幼儿创设安全、和谐、轻松的学习氛围。

活动中，教师努力为幼儿创设完整的故事情境，引导幼儿将熟悉的儿歌作为节奏的主体，降低节奏学习难度，消除幼儿的紧张情绪。通过故事情境的变化，引导幼儿初步感受节奏、通过图示学习节奏和利用手势巩固掌握节奏。教师在活动结尾渗透礼仪教育内容，增强幼儿文明礼貌的意识。

本"蔬菜营养多"（十月份）主题活动的顺利完成，也可为下一个"落叶飘飘"主题活动（十一月）奠定基础。

不足之处，活动中对于能力较弱的幼儿的关注较少、指导不够，每一环节的过渡略显生硬；过渡环节的引导语应再简略一些，整个活动便有望更加轻松、自然。

案例评析：

本活动是针对小班的音乐节奏练习活动。活动中，能够根据小班幼儿的认知特点，选用幼儿熟悉的动物形象，以帮助小兔子为诱因，在情境中层层深入、由简到难，引导幼儿完成教学活动的各个环节。

在学习新知的过程中，教师运用示范法并结合信息化教学手段，以生动直观的方法引导幼儿感受儿歌的节奏，打破了以往教学中出现的教一句、学一句的填鸭式教学模式，在教学中真正以幼儿为主体，创建了平等和谐的师幼关系，较好地吸引幼儿的学习注意和调动幼儿的学习兴趣，较好地达成了活动目标。

案例5. 课堂教学活动设计案例（艺术\美术）

设计教师：___***___　　　　　　　　　　　　　任教学校：___***幼儿园___

活动名称	美丽的鱼	涉及领域	艺术（美术）	班级	中班	课时	20分钟

一、活动背景

《幼儿园教育指导纲要（试行）》中提到"通过艺术活动激发幼儿情趣体验审美愉悦和创造的快乐，体现自我表现和创造的成就感"。根据幼儿喜欢绘画、创作欲望强、乐于自我表现的特点，设计此《美丽的鱼》教学活动。活动中，充分利用信息化教学手段，变无声为有声，化静态为动态，为幼儿提供丰富的感知表象，让幼儿融入了神秘的海底世界，感受海底世界的美丽，欣赏到奇形怪状、五颜六色的鱼，丰富幼儿的知识领域，萌发幼儿热爱大自然的情感。活动中，任课教师还引导幼儿利用废旧物建构鱼的造型，体验变废为宝的乐趣，同时也较好提高幼儿的环保意识。

二、活动目标

1. 情感目标（情感态度）：激发幼儿的艺术兴趣，萌发热爱大自然的情感；让幼儿懂得关心、爱护生态环境，形成初步的环保意识。
2. 能力目标（能力发展）：培养幼儿欣赏美、表现美的能力；发展幼儿的观察力、想象力、动手能力及创作能力。
3. 认知目标（认知学习）：进一步了解奇形怪状、五颜六色的鱼，知道鱼的结构；能利用多种废旧的材料进行小制作；能够熟练使用剪刀、胶水、双面胶等用具。

三、活动重点、难点

1. 重点：利用各种废旧物制作。
2. 难点：创作不同的鱼。

四、活动方法

本活动是主题活动下的一次活动。第一部分是运用了幼儿最喜欢的活动形式——游戏，通过动画展示鱼的种类和闯关的游戏引入主题，激发幼儿的兴趣；第二部分是幼儿利用废旧物创作鱼的造型，教师通过欣赏分析课件和实物范例，引导幼儿大胆地想象和创作。多媒体课件的展示，起着画龙点睛的作用。

五、活动准备

1. 经验准备：幼儿已认识几种常见的鱼，对鱼的外形特征、生活习性已有了初步的了解。
2. 硬件环境：装配信息化教学终端设备的活动室。
3. 软件资源：《海底世界》视频，动画片段《大海妈妈和鱼宝宝》，Flash动画。

六、活动过程

活动环节	教师活动	学生活动	信息技术融合点	设计意图
开始部分（激趣导入）	1. 播放《海底世界》视频，引导幼儿了解海底各种鱼的形态。 2. 组织讨论 小朋友们想不想到海底去探宝，探宝可不是件容易的事，我们要闯过三关。 第一关：眼力关	1. 观看《海底世界》视频，了解海底各种鱼的形态。 2. 参与讨论，勇闯第一关。	借助《海底世界》视频，呈现海底千姿百态的鱼类	游戏是幼儿最喜欢的活动之一，本次活动设计闯关游戏，集中了幼儿的注意力，激发幼儿活动的兴趣。 幼儿的形象思维占优势，运用多媒体课件让幼儿深入
开始部分（激趣导入）	（1）提问：小朋友在海底世界里都看到什么鱼？ （2）提示：注意观察鱼的形态，回答鱼身上都有哪些部位？ （3）归纳：鱼宝宝都有头、身体、尾、鳍。	（1）围绕"在海底世界里都看到什么鱼？"自由交流回答。 （2）观察鱼的形态，围绕"鱼身上都有哪些部位？"自由交流回答。 （3）跟随老师归纳，形成"鱼宝宝都有头、身体、尾、鳍"的认知。		了神秘的海底世界，感受海底世界的美丽，欣赏到奇形怪状、五颜六色的鱼，丰富幼儿的认知领域，为接下来幼儿的创作做好铺垫。

基本部分	活动一（引入主题，分析讨论）	1. 播放课件《大海妈妈和鱼宝宝》，提示：小朋友都知道海底世界非常美，今天，大海妈妈带着它的鱼宝宝来到了我们班。 2. 在海洋背景图上出示范例，欣赏讨论。 讨论：鱼宝宝用什么材料制作出来的？ 3. 引出第二关：爱心关。 提问：我们该怎样帮助大海妈妈呢？ 4. 启发幼儿制作出漂亮的鱼宝宝送给大海妈妈。	1. 观看《大海妈妈和鱼宝宝》视频，并围绕老师的提示方向去思考。 2. 观察海洋背景图上出示范例，根据老师提示，欣赏、交流与讨论。 3. 勇闯第二关。	借助《大海妈妈和鱼宝宝》视频、海洋背景图片，引入主题	运用多媒体课件播放海洋被污染的画面、呈现海洋背景图片，大海妈妈的鱼宝宝死掉了，引导幼儿萌发热爱大自然的情感和增强环保意识，进而引出幼儿帮助大海妈妈制作漂亮的鱼宝宝愿望。 为了增加活动的趣味性，每闯过一关，屏幕上都会出现过关"点赞"图片及配音
	活动二（动手操作，教师指导）	1. 课件导入《共同努力，拯救大海妈妈和鱼宝宝》，引入第三关：动手关。 2. 简介制作材料：乒乓球、颜料、橡皮泥、快餐盒、光盘等。 3. 代大海妈妈提出制作要求：喜欢漂亮的鱼宝宝，若是尚未见过则会更喜欢。 4. 指导分组。 5. 在愉悦的音乐中巡回引导：根据需要择优选材，充分用好废旧物进行创作。	1. 观看《共同努力，拯救大海妈妈和鱼宝宝》视频。 2. 了解制作材料：乒乓球、颜料、橡皮泥等。 3. 了解大海妈妈提出的制作要求。 4. 自由分组，并以鱼的名字给小组命名。 5. 小组在愉悦的音乐环境下协同制作小鱼。	借助《共同努力，拯救大海妈妈和鱼宝宝》视频引入第三关。 在愉悦的音乐环境下完成小鱼的制作	运用多媒体课件，进入第三关游戏，动手制作。 利用幼儿收集来的废旧物进行鱼的造型创作，体验变废为宝的乐趣，增强幼儿的环保意识。 播放音乐，营造轻松愉快的制作氛围
基本部分	活动三（展示作品）	1. 协助幼儿把制作好的作品粘到"海底世界"墙饰上。 2. 引导幼儿揭秘海底探宝盒。 3. 运用课件显示宝盒的话：小朋友，只要你们能用心去发现美、表现美和创造美，就能探寻到更多宝盒与更多快乐。	1. 把制作好的作品粘到"海底世界"墙饰上。 2. 海底探宝盒揭秘：废纸入宝盒；自评、互评加星；聆听宝盒的话。	运用多媒体课件显示宝盒的话	运用多媒体课件，调动幼儿情绪，感受获得的快乐

| 结束部分 | 引导幼儿做"小鱼游"律动 | 参与"小鱼游"律动 | 音乐伴奏。 | 幼儿在音乐中参与"小鱼游"律动，感受创作后的愉快心情 |

七、活动反思

  本活动中课件的运用，让幼儿直观地感受知识内容；闯关游戏的运用，使幼儿产生了浓厚的兴趣。幼儿能够利用废旧物，制作很多鱼的模型，真正做到了化废物为神奇，形成了良好的环保意识。活动包括激发兴趣→欣赏造型→想象设计→制作完成。幼儿在活动中初步掌握一些美工制作的基本技法。

  在以后的活动中还需要进一步巩固和练习，并为不同能力的幼儿提供更多表现的机会。

案例评析：

  通过让幼儿欣赏 Flash 动画《海底世界》，直观地感受了各种形象的鱼；教师较好地发挥了信息化技术在艺术领域中的作用，鱼的外形结构、表面特征都给幼儿留下了深刻的印象，为下一步幼儿参与制作各种鱼的活动奠定了感情基础。活动中教师始终作为幼儿的支持者、引导者和合作者，充分尊重每位幼儿的想法，肯定、接纳他们独特的审美观和表达方式，让幼儿在特别宽松、开放、愉悦的环境中感受美、发现表、表现美和创造美。

案例6. 主题教育活动案例（综合实践）

设计教师：___***___　　　　　　　　　　　　　　　　任教学校：___***幼儿园___

| 活动名称 | 快乐夏日 | 涉及领域 | 综合 | 班级 | 中班 | 课时 | 5课时 |

一、主题介绍

  夏季是一年中最热的季节，充足的阳光，好玩的水上游戏，美味的冰激凌，是夏天带给孩子们最直接的感受。主题"快乐夏日"将带领幼儿走进夏天，带领幼儿发现夏天的花、草、树木以及人类活动的变化。了解夏天的季节特征，体验夏天的各种活动，度过一个健康、快乐的夏天。该主题通过多种方式，培养幼儿的探究兴趣、观察能力，获得对夏季的多方面认识，积累丰富的生活经验，充分感受与享受特别的夏日时光。

二、主题目标

  1. 情感目标（情感态度）：获知夏季简单防暑知识，增强自我保护意识；培养幼儿的探究兴趣与习惯、观察意识与能力，积累丰富的生活经验，感受与享受特别的夏日时光。

  2. 能力目标（能力发展）：能用清楚连贯的语言、美术和音乐等多种方式表达自己对夏天的理解和感受；积极参与科学探究活动，能进行猜测并通过实践操作印证，并尝试记录探究的方法、过程和结果。

  3. 认知目标（认知学习）：了解夏季的特征和自然现象，感知动植物的变化；知道简单夏季防暑的知识，增强自我保护意识；能不受物体排列方式、大小的影响，正确感知 10 以内物体的数量。

三、主题活动思维导图

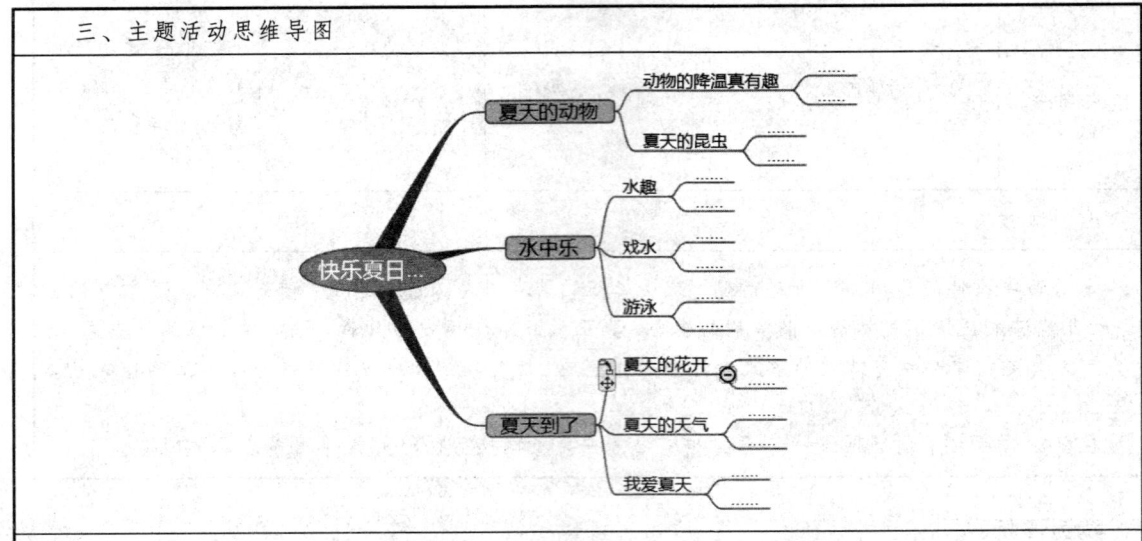

四、活动反思

　　本主题活动是一个系列活动，孩子们在体验夏天的戏水情趣、感受夏天里百花盛开的美景基础上，还感知了夏天里的动物生活习性，获知了基本的游泳知识，孩子们在愉快的活动中学习知识和获取技能。活动中还充分借助信息化教学手段呈现"动物降温""夏日的昆虫""游泳"等内容，弥补幼儿园现实环境的局限。因此，努力营造让孩子们认知事物的意识与机会，是实现让孩子们更好感受"快乐夏日"的有效途径与方法。

模块七 信息化教学评价

学习目标

通过本模块的学习,努力达到如下目标:
◇ 了解教学评价的概念、分类、一般方法和信息化教学评价。
◇ 了解电子档案袋的基本特点与学会使用电子档案袋。
◇ 了解说课的含义与方法。
◇ 认识网络空间人人通。
◇ 了解教育叙事及其写作特点。

学习成果

本模块学习结束时,将会获得如下学习成果:
◇ 试写一份说课稿、一篇教育叙事。
◇ 完善的电子档案袋。

活动1 了解教学评价的新概念

本活动的目的是帮助学生了解教学评价的基本理论以及信息技术支持下的教学评价。

师生互动1 了解教学评价的概念及其分类

教学评价是教与学的一个重要组成部分,贯穿于教学活动的每一个环节。在进行教学评价设计之前,先来了解一下教学评价及其种类、作用(功能)。

1. 小组合作,填写表格

在认真阅读"理论导学"后,请与小组其他同学共同填写下表内容(要求:完成表16电子文档,上传"电子档案袋")。

表16

讨论的主题	讨论结果记录
教学评价的概念及功能	
形成性评价的定义及其特点	
总结性评价的定义及其特点	

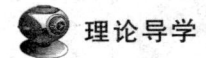 理论导学

教学评价的理论

教学评价是根据一定的教育目标,运用可行的科学手段,对教育现象及其效果进行价值判断,从而为教育决策提供教育依据,以改进教育服务的过程。

教学评价有诊断功能、激励功能、调控功能、教学功能和导向功能。

教学评价的划分:按"基准"可分为相对评价和绝对评价;按"功能"可分为诊断性评价、形成性评价和总结性评价;按照"方法"还可分为定性评价与定量评价。

1. 相对评价与绝对评价

相对评价是在被评价对象的群体中建立基准(通常以评价群体的平均水平作为基准),然后把评价群体中的各个对象逐一与基准进行比较,以判断优劣。

相对评价进行的测验常称作"常模参照测验",试题取样范围广泛,测验成绩主要表明学生学业成绩或能力的相对等级。由于"常模"近似学生群体的平均水平,所以这种测验的成绩往往形成正态分布。相对评价可以了解学生之间的差异,便于比较个体学习成绩的优劣;不足之处,基准会随群体的不同而变化,评价标准不能反映教学目标的要求,难以为改进教学提供依据。

绝对评价是将教学评价的基准建立在被评价对象的群体之外(通常是以教学大纲规定的教学目标为依据),再把该群体中每一成员的某方面知识或能力与基准进行比较,从而判定其优劣。为绝对评价而进行的测验一般被称作"标准参照测验"。试题取样范围较窄——就是大纲规定的教学目标,测验成绩则直接反映达到教学目标的程度。

绝对评价的优点是可以直接鉴别各项教学目标的完成情况,使每个被评价者清楚地看到自己与教学目标要求之间的差距,因而可为改进教学指明方向;缺点是不易分辨出学生之间在学习方面的真实差异。

2. 诊断性评价、形成性评价和总结性评价

诊断性评价也称"教学前评价",常指在某项教学活动开始之前对学生的知识、技能以及情感等状况进行的预测。这种预测可以了解学生的知识基础和准备状况,为实现因材施教提供依据。

形成性评价是教学效果评价方式之一。其主要目的是不断提供学习反馈,帮助师生及时了解教学效果,实施补救措施,防止问题叠加。形成性评价范围通常较小,仅限于教学的特定内容,可以是一个概念或原则,也可是某一单元的内容,一般使用的单元测验或是随堂测验就属于形成性评价。形成性评价通常在教学前或教学中持续进行,教学前使用,可以了解学生已有的知识准备;教学中使用,可以使教师了解已教过的内容哪些部分仍需加强,以便对症下药。

总结性评价又称"事后评价",一般是在教学活动告一段落后,为了判断结果而进行的评价。学期或学年考试、考核都属于这种评价,目的是检验学业是否最终达到了目标要求。总结性评价重视的是结果,借以对被评价者做出全面鉴定和区分等级。

3. 定性评价与定量评价

定性评价是对评价材料做"质"的分析,运用的是分析、综合、比较、分类、演绎、归纳等逻辑分析方法,分析结果是一种没有量化的描述性资料。

定量评价则是对评价材料做"量"的分析,运用的是数理统计、多元分析等数学方法,从纷繁复杂的评价数据中提取出规律性的结论。

2. 教师小结，反思提高（在下列横线上记录个人见解，先在小组内围绕"主题"开展讨论；然后推选小组代表收集、整理和提炼讨论意见，上传班级"主题讨论"，进一步交流分享）_____

_____。

师生互动2 讨论基于技术的教学评价

1. 自主阅读

阅读下列"理论导学"及附录6，了解技术对教学评价可能提供的支持，并思考技术支持下的评价还有哪些形式，将心得和灵感记录在下面的横线上（要求：在下列横线上记录个人见解，先在小组内围绕"主题"开展讨论；然后推选小组代表收集、整理和提炼讨论意见，上传班级"主题讨论"，进一步交流分享）_____

_____。

理论导学

> 在信息化教学中，传统的评价技术必然发生数字化迁移，在不同的学习目标下，所使用的评价方式与技术也有所不同。
>
> 1. 自我调节式评价
>
> 由教学目标决定的基础性学习内容，评价时可以比较同一对象不同时期的学习状态，判断其是否取得进步。针对学前教育，运用这种评价方式时，根据学习的不同阶段，可以设置一些具有暗示引导作用、与答案关联的提问，也可以设置具有跟踪、记录功能的活动展现，还可以是一些必要的测评量表。
>
> 2. 计算机辅助测验
>
> 计算机辅助测验系统具有生成测验的功能，教师只要设计并录入试题的具体内容，测试器模板就能按照所选择的形式与格式，通过不同的组题策略选出不同等级的测试题目进行机器测试，利用统计分析软件和信息分析系统分析测试成绩，发掘教学过程信息。学习者借助统计图表进行学习水平的自我评价，教师可以通过信息发掘、诊断学习者的学习问题，从而及时调整教学。如"问卷星"等软件平台（https://www.sojump.com/）。
>
> 3. 电子档案袋评价
>
> 档案袋评价就是收集学生成长过程中的各项信息，包括非优秀、但有代表性的作品，也包括各种作业、考试、活动参与、成长反思等信息，形成一个反映其成长足迹的档案袋。通过这个档案袋，教师不仅可以对其进行评价，更重要的是档案袋的主人可以从中发现自己和发展自己。建立电子档案袋，可以减轻教师建立和管理档案袋的工作量，可以推进面向学习过程的评价。

2. 观摩案例，小组研讨

小组长组织成员进行案例观摩和实操体验，思索案例中的技术是怎样支持教学评价的。在此基础上，请结合案例和自己的学习理解，研讨下列问题（要求：在表17中记录个人见解，先在小组内围绕"主题"开展讨论，然后推选小组代表收集、整理和提炼讨论意见，上传班级"主题讨论"，进一步交流分享）。

（1）基于技术的评价与传统的口头提问、书面作业相比有什么不同？

（2）信息技术在支持教学评价方面还会有哪些潜在的优势？

表 17

问题（1）	问题（2）

活动 2　了解电子档案袋的设计与使用

本活动的目的是帮助学生了解电子档案袋的使用优势、设计板块与使用方法。

电子档案袋即是计算机处理、储存的数字化档案，是将实体档案信息（文本、图片、音频、视频、动画）以字节、比特方式表示并使之在计算机网络上流动。

师生互动 3　了解电子档案袋的设计与使用

认真阅读"理论导学"，与小组同学协同填写表 18（要求：完成表 18 电子文档，上传"电子档案袋"）。

表 18

讨论的主题	讨论结果记录
电子档案袋的优点	
电子档案袋的设计技巧	
电子档案袋的应用领域	

 理论导学

电子档案袋的优点

传统的档案对日常信息的收集、呈现、判断有一定的难度。通过电子档案记录幼儿的各种活动信息，评价者可以便捷地查阅相关信息及由软件平台衍生的新信息，并对幼儿的生活、学习、成长过程进行科学评价和做出正确判断。

1. 数据库、超链接等信息技术为电子档案的资料收集、归档与管理提供了便捷，数字化的个人信息使检索查找电子档案信息更加轻松随意。

2. 网络平台提供了展示电子档案袋的空间，个人资料可以被他人阅读、共享和评价，促进了教师和家长之间的互助协作。

3. 电子档案袋不仅可以使教师对幼儿的生活情况、成长过程有整体真实的掌握，而且还可以使家长全面地了解自己的孩子。电子档案袋还使教师了解自己的专业发展，并从中得到新的启发。

4. 电子档案袋评价充分利用信息技术优势：网络化、资源的分配与共享、管理信息与知识的数字化，能够超越时空限制，增加获取信息的广度与随意性。

5. 电子档案袋评价法可以方便、快捷地保存幼儿的成长信息,能够对幼儿的成长过程进行全面的评价。

6. 电子档案袋评价法有利于把教学过程和评价过程结合在一起,教师在教学过程中完成对幼儿的评价,并对学习过程和评价结果进行记录,使教学和评价形成统一的整体。

7. 电子档案袋评价法有益于向家长展示孩子的学习作品,家长也可以方便地了解孩子的学习情况,成为家园沟通的有效方式与途径。

电子档案袋的设计

电子档案袋体现了"学习是个过程,学习评价也应有过程评价"的思想。教师持续地收集反映幼儿成长过程中所做的努力、取得的进步以及教师自我反思的一系列材料。通常,一位幼儿教师的电子档案袋应包含以下几个部分,如图24所示。

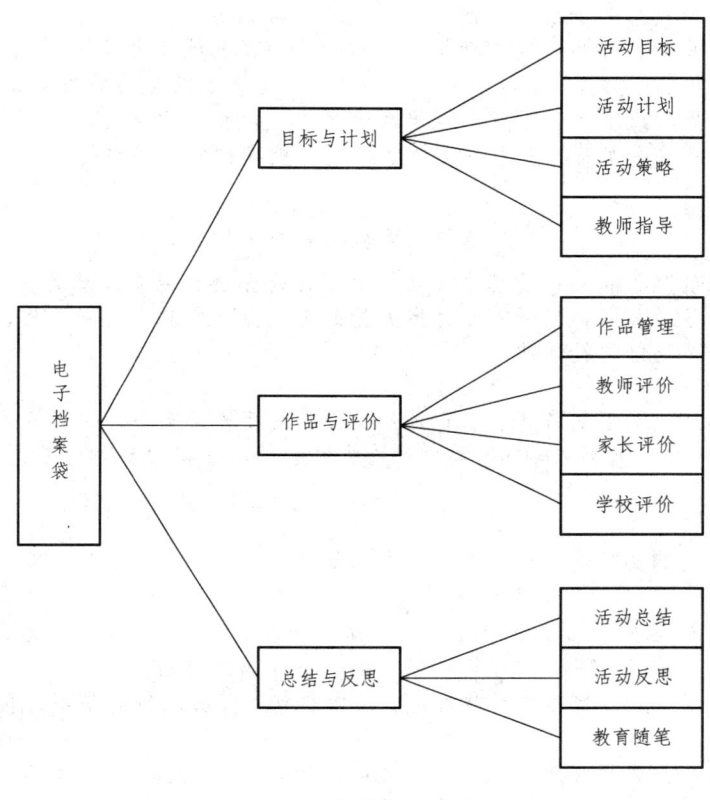

图 24

1. 目标与计划

该部分的主要功能是明确活动目标,拟订活动计划,了解活动任务和熟悉评价标准,提供可选择的活动策略和教师指导。

(1)活动目标:幼儿园的一日活动包括生活活动、娱乐活动和学习活动(包括集体活动、小组活动、区角活动、主题活动)等活动目标;活动策略是对幼儿需要掌握的活动方法和活动策略的要求,活动目标由教师根据学科特点与幼儿年龄特征提出。

(2)活动计划:教师拟订教学活动计划,以明确教学活动的计划性和目的性。

(3)活动策略:主要是教师根据学科特点和幼儿年龄特征而提出的学习方法和指导对策。

（4）教师指导：就经常出现的典型问题或者孩子们呈现的个别问题进行讲解和辅导。

2．作品与评价

该部分主要收集、记录幼儿完成的作业和形成的作品，并实现多元的评价。

（1）作品管理：教师完成作品上传、修改、删除等操作，便捷地实现作品管理。

（2）教师评价：教师参照一定的评价量规对幼儿完成的作业和形成的作品进行分数或者等级评定，同时提出学习建议和进行方法指导。

（3）家长评价：家长对幼儿完成的作业和形成的作品进行评价，要竭力鼓励幼儿去发现问题和思考问题。

（4）学校评价：学校可根据幼儿习惯养成、学习进步、健康状况等方面的变化情况，按照学期或学年进行综合性评价。

3．总结与反思

该部分主要包括教师的阶段性工作总结和教学活动反思。

（1）教学活动总结：教师定期对教学活动和幼儿的成长状况进行总结。

（2）教学活动反思：由教师自行设计，定期填写自检表，对自己的教学态度、教学方法、教学成效等进行反思，发现存在问题，提出改进措施，调整教学策略。

（3）教育随笔：要求教师充分利用QQ空间或学校建构的网络学习空间，适时记录育人理念和教学心得。

电子档案袋的使用

电子档案袋评价赋予新的评价理念，使分数不再是鉴定学习者成绩的唯一标准。

为幼儿建立电子档案袋，教师需要付出大量的劳动，但是对于好奇心强、愿意探索新事物的幼儿而言这无疑是值得提倡的。

1．确定目标

根据目标选择可以利用的资源、制定评价计划，教师要对整个评价过程做出预设，并预见可能遇到的困难。在幼儿初入学时，教师要把使用电子档案袋的目的和具体要求告诉家长、给出范例，获得家长的支持。

2．建立框架

以幼儿的名字创建文件夹，在这个文件夹中创建几个子文件夹，分别用于存放不同类型的内容。

（1）交流区：在其中创立三个子文件夹。如"老师"，包括老师课堂及课外对幼儿的表现或作业、作品的评价；"家长"，包括爷爷奶奶和爸爸妈妈对幼儿的成长、作品等的评价；"学校"，是学校根据幼儿习惯养成、学习进步、健康状况等方面变化情况，按照学期或学年进行的综合性评价。

（2）我的小档案：用于存放幼儿姓名、年龄、性别、班级、兴趣爱好及个人照片。

（3）我的精彩瞬间：包括幼儿一日生活中的精彩照片。

（4）我的作业和作品：包括幼儿完成的如绘画、剪纸等代表作业和作品。

3．添加内容

教师要定期为幼儿的档案袋添加内容。数字资料可以直接拷贝、粘贴到相应的文件夹中；非数字的手工制作则需要用数码相机或手机将其拍摄下来上传文件夹中。在电子档案袋里，教师还可对原作进行再创作或加工处理。

4．评价与交流

电子档案袋评价，可采取教师评价、家长评价及学校评价相结合的方式。教师评价更多在于发现幼儿学习特长、发掘幼儿的学习潜能和引领幼儿的学习思考，还应关注幼儿学习过程中的学习能力、态度、情感与价值观等方面的发展，突出评价的整体性和综合性；还应给予幼儿适时的鼓励，使之更好树立成就感和增强自信心。

活动 3 掌握 Excel 的数据与图表处理

本活动的目的是帮助学生了解和掌握基于 Excel 的教学评价。

师生互动 4 讨论基于 Excel 的教学评价

1. 自主阅读

阅读下面"技术导航",了解 Excel 对教学评价可能提供的支持,并思考技术支持下的评价还有哪些形式(要求:在下列横线上记录个人见解,先在小组内围绕"主题"开展讨论;然后推选小组代表收集、整理和提炼讨论意见,上传班级"主题讨论",进一步交流分享)_____
_____。

 技术导航

基于 Excel 支持的教学评价

Excel 是 Office 的重要组件之一,主要利用数据制作表和图形。图形实际上就是把抽象数据图形化,使表格中数据更具直观性。下面就常用的三种图表制作总结如下:

1. 了解图表

(1)图表的应用:图表设计的独特表现形式,已被广泛地应用在自然科学、社会学、经济学、大众传播学等许多领域。

(2)图表的特征:首先具有表达的准确性,对所示事物的内容、性质或数量等信息的表达准确无误;其次是信息表达的可读性,即图表认识应该通俗易懂;第三是图表设计的艺术性,图表通过视觉的传递来完成,需考虑到人们的欣赏习惯和审美情趣。

(3)图表类型:为了目标用户以意义的方式来显示数据,在要创建图表或更改现有图表时,可以针对性地选择图表类型。如"柱形图",用来显示一段时期内各项数据的变化情况,重在强调数据随时间的变化趋势;"折线图",用来显示某个时期内数据在相等时间间隔内的变化趋势,重在强调数据的变化率;"饼图",用来显示数据系统中每项占该系列数值总和的比例关系,通常只显示一个数据系列。

2. 创建图表

创建图表的关键是选定数据源。常见方法有两种:即用"数据区域"标签或用"系列"标签。下面以"系列"标签举例:选中数据→点击"插入"菜单→点击"图表"子菜单,选择簇状柱形图→点击"下一步"→进行相应设置→点击"下一步",设置标题"学期综合测评表"等信息→点击"完成"。

3. 创建技巧

(1)非连续数据选取:在选取了第一个数据区域后,按住 Ctrl 键的同时,再选择不相邻的数据区域即可。

(2)图表类型轻松切换:绝大多数的二维图表都是可以直接相互转换的,如果感觉制作的图表很难表达想要表达的内容,可以试着更改图表的类型。

(3)美化图表:激活"图表工具"后,通过更改"设计""布局""样式"标签的不同的设置,可以让图表更美观。

(4)双击图标中的数字,可以对表中数字、字体、颜色等进行进一步调整。

2. 观摩案例，小组研讨

小组长组织成员进行实操体验，探索 Excel 技术是怎样支持教学评价的。在此基础上，请填写下列表中的基础数据，完善表格数据处理，分别生成柱形图、折线图与饼图，并讨论分析三类图表的异同（要求：完成表19电子文档，上传"电子档案袋"）。

表 19

***幼儿园学期综合测评表							
姓名＼成绩＼项目	健康	语言	科学	社会	艺术	平均	总分	排序

活动 4　了解说课的含义与方法

本活动的目的是帮助学生了解说课的含义、方法以及具体环节等。

师生互动 5　了解说课的含义与方法

说课，就是让教师以语言为主要表述工具，在认真备课的基础上，针对某一教育主题、教学活动，面对领导、同行、专家或是评委系统而概括地解说自己的理论，阐述自己的观点，表述自己的设计思想、教学方法、教学策略、教学组织形式等，然后由大家进行评说。说课活动由解说和评说两部分组成，重点在解说，评说则是针对解说而进行的评议、交流和研讨。

1. 自主阅读，细心思考

认真阅读下列"理论导学"材料，思考：什么是说课？说课的目的是什么？并将收获与思考填写在下表中（要求：完成表20电子文档，上传"电子档案袋"）。

表 20

什么是说课	说课的目的	其他

 理论导学

说　课

说课是一种教学研究活动，是提高教师专业技能的有效途径之一。它要求教师以教育理论、课程纲要、教材为依据，结合教学对象及自身特点，针对某一教育主题、教学活动，面对领导、同行、专家或评委口头表述"选题"或"命题"的具体设想、设计及其理论依据。

一、说课的基本原则

1. 说理精辟，突出理论性

说课不是宣讲教案，也不是浓缩课堂教学过程。说课的核心在于说理，在于说清"为什么这样教"。

2. 客观真实，具有可操作性

说课的内容必须客观真实、科学合理，不能生搬硬套一些教育教学理论的专业术语，要真实地反映自己是怎样思考、设计以及为什么这样做。哪怕是并非科学的、完整的想法与做法，也要完整地说出来，以引起听者的思考，通过相互切磋，达成共识，进而完善说者的教学设计。说课是为教学实践服务的，说课中的每一环节都应具有可操作性，否则就成了纸上谈兵。

3. 不拘形式，富有灵活性

可以针对某一节课的内容进行，也可围绕某一单元、某一章节或是某一主题活动展开；可以同时说出目标的确定、教法的选择、学法的指导、教学的过程，也可以只说其中的一项内容，还可以只说某一概念是如何引入或某一规律如何得出或某个技能如何使用等等。要做到说主不说次，说精不说粗，说难不说易；要坚持有话则长、无话则短、不拘形式和自由研讨的原则，防止教条式的倾向。同时，在说课中要突出体现教学设计的特色，展示自己的特长。

二、说课的类型

整体而言，说课可分为实践型说课、理论型说课两大类。前者是针对某一具体课题的说课，后者则是针对某一理论观点的说课。说课通常还可有如下分类。

1. 按照领域分

科学活动说课、数学活动说课、音乐教学说课等。

2. 按照用途分

示范说课、教研说课、考核说课、竞赛说课等。

3. 按照时间分

课前说课、课后说课等。

三、说课的方法

1. 讲说法

运用口头语言作媒介，辅之以板书、教具使用、媒体操作等手段，按照准备好的内容向听者述说。

2. 演说法

主要是借助教具（仪器）、板书、绘画、多媒体等手段，辅之以语言说明的说课方式。

3. 对说法

说课者与听课者间采取对话的方式进行交流。

4. 论说法

说课者和听课者针对同一问题，采取讨论、议论、辩论的方式进行。

2. 小组讨论，集体分享

认真阅读下列"理论导学"材料，与小组成员讨论下表中的相关内容，分享彼此的理解与感悟，并填写表21（要求：完成表21电子文档，上传"电子档案袋"；完成一节说课稿，上传"电子档案袋"，并抽选部分同学现场说课）。

表 21

问题	建议
教学设计的核心部分	
听众最想听的部分和环节	
教学设计各部分的介绍顺序、方法	
表达方面（声音、逻辑、时间等）	
我们还应该……	
我们应避免……	
需要的工具和材料	

 理论导学

如何说课？

1. 说课的主要内容

说课类型不同，说课的内容自然也不同。一般而言，说课应该有以下几个方面的内容：

（1）说教材

① 说本课题在整个学段或班级教育目标中所处的地位及作用。

② 说本课题的教学目标及确立的依据。确定教学依据有三点：教学大纲的规定，教材内容的要求，教学对象的实际。要把这三点充分结合和通盘考虑，并以此来确定教学的起点和终点。另外，教学目标要从情感目标（情感态度）、能力目标（能力发展）、认知目标（认知学习）三个维度进行全面考虑。

③ 说本课题的教学重点、难点，以及确立的依据和突破的方法。幼儿是学习的主人，确立重点、难点一定要分析幼儿原有的基础、知识层次、心理特征、学习中可能遇到的困难、发展方向等，要有针对性，不可盲目求全求高。

（2）说教法

① 选用什么样的教学方法：一般不易过多，主要突出 2—3 种即可。

② 使用什么样的教学手段：如多媒体课件、微视频、网络资源、传统教具等辅助手段，在说课过程中，可以向大家简明扼要地说清使用各类教学手段的目的和作用。

③ 选择教学方法的理论依据：无论是借鉴的方法还是正探索实践的方法，一要介绍这种方法的操作过程，二要介绍这种方法的理论依据。但无论选择何种教学方法，关键在于教师对教材特点和幼儿认知规律的准确把握，无论采用什么的方法，都要始终贯彻"具有启发性""突出主体性""注重实践性"的原则。

（3）说学法

不能停留在介绍学习方法这一层面，要把主要精力放在解说如何实施学法指导上。特别在当今贯彻新《纲要》的过程中，要转变幼儿的学习方式，倡导"主动参与，乐于发现，大胆交流，踊跃合作"的学习方式。说学法，还要注意对某方法指导过程的阐述，如说明教师是通过怎样的情景设计，幼儿在怎样的活动中，养成哪些良好的学习习惯，领悟出何种科学的学习方法等。

（4）说流程

即说出教学过程的整体安排。这种安排既要体现教材分析、教法设计和学法指导等方面，又要表现为可具体操作的程序：① 引入课题（创设情景，导入新课），看选择的内容能否让幼儿进入新的课堂情景，看提出的问题是否服务于课堂重点，能否牵动全体幼儿的心；② 讲授新课（根据活动内容的教学目标、重难点，形成授课的整体结构）；③ 课堂练习（根据教学活动知识点，形成灵活多变的训练）；④ 内容小结。

（5）说评价

说出在教学活动中将采取什么方式对学习者的学习情况进行评价。

上述各步骤既要有具体的教学设计，还要考虑可能出现的情况及调控措施，要说清教师突破重点的主要环节设计、化解教学难点的具体步骤，说清师生双边活动的具体安排，说清课题设计意图等。一般在说课时，教师可将说课内容制作成PPT课件，边说边演示，以便大家共同研究和探讨。

2. 说课与授课异同

（1）相同点：都是针对某一教育主题或教学活动。

（2）不同点

① 目的不同：授课的目的是将书本知识转化为学生知识，进而培养能力和进行思想教育，强调学生的"会学"；说课的目的则是向听者介绍一节课的教学设想，使听者听懂或给予听者以启示。

② 内容不同：授课的主要内容在于"教"哪些知识及怎样教；说课则无须讲清教学内容，而要讲清为"什么这样教。"

③ 对象不同：授课的对象是学生；说课的对象是领导、同行、专家或评委。

④ 方法不同：授课是教师与学生的双边活动；说课则是以教师自己的解说为主。

活动 5 认识网络空间人人通

本活动的目的是帮助学生了解网络空间人人通、QQ空间等实时通讯平台，以及教育博客的写作特点。

师生互动 6 了解网络空间人人通

《国家教育事业发展"十三五"规划》明确提出"深入推进'网络学习空间人人通'，形成线上线下有机结合的网络化泛在学习新模式；引导学校与教师依托网络学习空间记录学生学习过程，进行教学综合分析，创新教学管理方式；鼓励学校利用大数据技术开展对教育教学活动和学生行为数据的收集、分析和反馈，为推动个性化学习和针对性教学提供支持"。因此，了解网络空间人人通，掌握网络空间应用尤其是网络日志的编写意义深远。

网络日志的编写平台常见有："人人通"、BBS、QQ空间、博客等。

◆ "人人通"：指专为学生、教师、管理者、家长等多个教育主体之间的交流、沟通、反思、表达、分享、传承等教育教学活动开发的网络平台。

◆ BBS：也称为电子公告牌系统，通过在计算机上运行服务软件，允许用户使用终端程序通过 Internet 来进行连接，下载数据或程序、上传数据、阅读新闻、与其他用户交换消息等。

◆ QQ空间：腾讯公司开发出来的个性化空间，在QQ空间上可以书写日志、写小说，上传用户个人的图片，听音乐，写心情，通过多种方式展现自己。

◆ 博客也是以网络作为载体，简便地发布自己的心得，及时有效轻松地与他人进行交流，集丰富多彩的个性化展示于一体的综合性平台。

◆ 教育博客则是师生利用博客技术，以文字、多媒体等方式，将日常的生活感悟、教学心得、教案设计、课堂实录、课件等上传网络发表，超越传统时空局限，促进师生个人隐性知识显性化，实现知识和思想的共享，记录师生成长轨迹。

认真阅读"理论导学"，思考下列问题（要求：完成表22电子文档，上传"电子档案袋"）。

表22

讨论的主题	讨论结果记录
什么是QQ空间？	
什么是教育博客？	
什么是网络学习空间人人通？	

 理论导学

教育博客及其分类

教育博客是一种记录、存储和分享师生教育思想与观念、学习心得与收获、人生感悟与反思的个人网络空间。常见分类：

1. 教学反思类

透过发生在幼儿身上的事件，对幼儿教育方式进行反思，更多关注幼儿的个性品格发展，关注幼儿的成长环境，以及关注教育教学事件对幼儿潜移默化的影响。

2. 教育管理类

教育管理者用以记录教育管理工作的一些做法、思考和研究，在不断的实践和积累中提高对教育本质的认识和理解，提高管理水平，同时也对一线教师校本教研起到了带动作用。

3. 知识管理类

将教育理论的前沿观点、教育科学的最新发展等对自身工作学习有益的信息资源，分门别类集中储存。

4. 成长档案类

类似家教日志，悉心关注孩子们的每一点进步，从一个调皮幼儿的"恶作剧"到一个好习惯养成，都可记录在博客中，拒绝呵斥指责，有的只是春风化雨般的真诚和理解。这种幼儿成长档案记录对幼儿成长的作用是不可估量的，也是弥足珍贵的。

5. 家庭沟通类

这里是与家长沟通的场所，重在关注孩子成长、关注心灵碰撞的真实记录，置身其中仿佛能听花蕾开放的声音，嗅到沁人心脾的芬芳。

6. 课题研究类

这种则是课题活动记录、教师研讨交流、研究成果展示的平台和阵地。

教育博客的注册

教育博客有很多种类，不少网站如新浪、网易等均可以免费申请博客，也可以在幼儿园自己建立的网站上申请注册博客。如：

中国幼教论坛，http://bbs.chnkid.com/

QQ群空间，http://qun.qzone.qq.com/group

师生互动 7　了解教育叙事及其写作特点

认真阅读"理论导学",思考;教育叙事的特点和写作方法有哪些?(要求:完成电子文档,上传"电子档案袋")_____
_____。

 理论导学

教育叙事及其写作特点

教育叙事,即是讲述有关教育的故事。它是教师叙述教育教学中的真实情境的一种方式与过程,其实质是通过讲述教育故事,体悟教育真谛的一种研究方法。

1. 教育叙事的意义

让教师把自己过去教育生活中司空见惯的幽微细节重新审视,发现其中的教育蕴涵,从而把作为叙事者的教师自身的思维触角引向自我教育生活的深层,使看似平淡的日常教育生活显现出并不平凡的教育意义。

2. 教育叙事的特点

(1) 是已经发生的、真实的、跌宕起伏和扣人心弦的事例。

(2) 是以人物及其所感、所思为主线展开的叙事。

(3) 是获得教育理论或教学信念的途径。

(4) 绝非自我陶醉,而是与众分享。

3. 教育叙事的基本类型

(1) 从叙事的内容来区分,包括:

① 片段叙事,对个人教育教学中某个印象深刻片段的叙述,借以阐明教师对导致良好或者不好教育教学效果的反思。

② 生活叙事,是借以显明所蕴涵的教师生活体验,与教师成长、教育状态、教育经历密切相关。

③ 传记体叙事,即对教师成长过程的整体叙述,是对平凡教师人生中细微的个人生命颤动的揭示。

(2) 从叙事的主题来区分,包括:

① 单主题叙事,围绕某一个主题展开个人教育生活的叙事。

② 多主题叙事,是多个主题综合起来展开教育生活的叙事,也是对教师个人成长产生重要影响的综合经历的呈现。

(3) 从叙事的层次来区分,包括:

① 日志或日记:直接记录日常真实教育生活情景。

② 反思性叙事:基于记录日常教育生活片段之上,还能把自己的心得体会加以提升。

③ 研究性叙事:建立在对叙事主题加以提炼,对多种原始生活材料加以整理,抑或是对日常教育生活加以反复梳理而进行的叙事。

(4) 从叙事的主体区分,包括:

① 他传体叙事:由教师与他人对话来完成对教育生活故事的梳理和提炼。

② 自传体叙事:是对自我教育生活的梳理与叙述,其实质是从"个人生活史""个人生命经历"中透视整个教育世界。

4. 教育叙事的研究作用

苏霍姆林斯基说:"那种连续记了10年、20年甚至30年的教师日记,是一笔巨大的财富""每一位勤于思考的教师,都有他自己的体系、自己的教育学修养。"教育叙事,即是记录教师教学生涯和成长历程的重要方式和途径。

案例分享

品悟"钓竿"故事

近日,在网上阅读了《钓竿》这一与教育信息化密切关联的极富哲理性的小故事,颇受启发,也心生些许感悟。

故事情节:有老人在河边垂钓,一放牛小孩走过去看他钓鱼。老人钓技娴熟,没多久就钓上了满篓的鱼。老人见小孩很可爱,就想把钓上的鱼赠送几条给他,小孩却摇头谢绝,老人惊异地问道:为何不要?小孩回答:我想要您手中的钓竿。老人问:你要钓竿做什么?小孩说:送的鱼没多久就会吃完,要是有钓竿,就可以自己钓,一辈子也吃不完。笔者相信,不少初次阅读这则故事的网友,当阅读到这里时均会发出同样的感慨:好聪明的小孩!然而,错了!因为,钓鱼重要的不在"钓竿"而在"钓技",小孩如果只要钓竿,却不向老人学习钓鱼的技巧,那他或许一条鱼也吃不到。

在以计算机网络技术为核心的信息技术迅猛发展的今天,在各级政府与教育行政部门的高度重视下,"校校通""班班通""人人通"等教育信息化工程快速推进,信息化环境下的技术工具与技术手段不断地涌入校园、进入课堂和用于教学。然而,面对如此快速发展的教育信息化态势,不少教育工作者尤其是偏远农村地区教育工作者茫然不知所措,甚至呈现出不少错误观点:认为在学校安装了一套或几套交互式电子白板多媒体设备,抑或是全校所有班级装配了交互式电子白板多媒体设备,便对外界高调宣扬已实现"班班通";部分教师因不愿接受或是惧怕新技术,而总是自找"理由"抗拒信息技术在教育教学中的应用;区域性教育行政部门已构建了局域网、城域网,而信息传输却停留在毫无保密性的QQ群传输方式,各种会议、培训依然需要校长和老师们不辞舟车劳顿和浪费宝贵的教学时间……亦如上一故事之中的小孩看老人,以为只要有"钓竿"就有吃不完的鱼。

如果把"钓鱼"事件与"教育信息化"对比联系,钓竿即是信息化硬件设施,钓饵便是信息化教育资源,钓技则是教师的信息技术应用技能,钓趣就是师生的技术工具与技术手段选用意识与兴趣。做到钓竿、钓饵、钓技和钓趣的有机结合,即是实现信息化硬件设施、教育资源、应用技能和应用意识的协调发展。与此同时,没有浓厚的信息化教学意识与兴趣,没有持久的信息化教学耐心与信心,没有娴熟的信息化教学技能与技巧,再好的"硬件设施"和"教育资源"也是枉然。

面对快速发展的教育信息化,还可以这样认为,即便实现了硬件设施、教育资源、应用技能和应用意识的协调发展,还需要认真分析教学对象的认知基础和认知规律,还需要精心设计技术工具与技术手段在课堂中的呈现时间和应用方式,还需要充分考虑传统媒体与信息化媒体资源的优势互补,还需要搭建师生信息化教学的展示平台,还需要加强信息化软硬件环境的日常维护、更新升级和性能优化。

总而言之,教育信息化,仅有硬件设施肯定不行,还必须构建校校互联、班班互通的信息资源高度共享的网络环境,切实解决"信息孤岛"问题;也要求广大教育工作者尤其是中小学教师的观念更新与技能提升的同步跟进;还需要广大教育工作者尤其是中小学教师达成信息化环境下的技术工具与技术手段的熟练操作、有效应用和创新应用,最终实现教育信息化的优势发挥和教育生成。

❓ 回顾与思考(要求:先在小组内围绕"主题"开展讨论;然后推选小组代表收集、整理和提炼讨论意见,上传班级"主题讨论",进一步交流分享)。

1. 信息技术在支持教学评价方面的优势所在?

2. 简述说课的基本环节。

3. 仿写一份说课稿、一篇教育叙事。

课外延伸

1. 回忆和反思本模块的学习过程。如果对哪一部分的学习内容仍有疑问,可借助班级QQ群、微信群与同学、老师进一步讨论交流。

2. 上网或到学校图书馆查阅有关教学评价、说课、网络空间、教育叙事等方面资料,增进学习和加深理解。

模块八 信息化教学伦理道德

学习目标

通过本模块的学习，努力达到如下目标：
◇ 树立信息安全意识。
◇ 了解计算机犯罪及其危害。
◇ 认识网络使用规范。
◇ 识别并抵制不良信息，增强自觉遵守与信息活动相关的法律法规意识，负责任地参与信息实践，养成健康使用信息技术的良好习惯。

学习成果

本模块学习结束时，将会获得如下学习成果：
◇ 一个关于网络信息安全的辩论会视频。

活动1 认识信息化教学伦理道德

本活动的目的是帮助学生认识信息化教学的伦理道德以及自觉遵守信息安全法律法规和道德规范。

自主学习1 了解信息安全

随着信息技术的迅猛发展及广泛应用，人们的各种信息活动更多地通过以计算机网络为主体的信息系统进行，信息安全越来越依赖于信息系统的安全。然而以计算机网络为主体的信息系统也有其自身的脆弱性，存在来自各方面的安全威胁，信息安全问题日益突出。

1. 阅读案例材料，简要填写下表（要求：完成表23电子文档，上传"电子档案袋"）

表23

序号	主要安全威胁		造成后果		造成影响	
案例1		参考选项 A. 意外事故 B. 硬件故障 C. 软件漏洞 D. 病毒入侵 E. 黑客攻击 F. 信息泄密 G. 计算机犯罪 H. 其他		参考选项 A. 信息丢失 B. 信息被盗 C. 系统不能正常运行 D. 系统被非法控制 E. 其他		参考选项 A. 破坏生产 B. 扰乱生活 C. 危害国家安全 D. 其他
案例2						
案例3						
案例4						

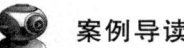 **案例导读**

信息安全典型案例

【**案例1**】 美国国税局系统被黑，损失5000万美元

2015年5月，美国国税局的安保系统竟然被黑客攻破，超过10万名纳税人的网上资料泄露。单单从受害人的数量来看，这次黑客攻击影响很大。首先这次黑客攻击事件发生在报税季，其次报税和缴税在美国算得上非常重要的事情，此外黑客通过获取纳税人的信息制造假的退税申请，最终大约申请到了5000万美元的退税金额。

【**案例2**】 河北石家庄侦破黄某非法控制计算机信息系统案

2016年1月，河北石家庄公安机关接到部分市民报警称，其手机接收并点击"熟人"发来短信中的网址链接后，手机网银显示在异地被刷卡消费。经过公安机关多方调查，基本掌握黄某等7人犯罪事实。4月3日，在广西公安机关的协助下，在黄某家中将正在聚会的7名犯罪嫌疑人抓获，当场查获作案电脑9台、手机9部、无线发射器2部、作案使用电话卡300余张、资金回流卡23张。经审讯，该团伙供述自2015年以来，通过网络非法获取公民个人信息，冒充熟人或以各种名义向受害人手机发送带有木马病毒链接的短信，盗刷受害人银行卡的犯罪事实。目前，涉案7名犯罪嫌疑人已批准逮捕，案件正在进一步审理中。

【**案例3**】 重庆巫溪县侦破网上刷信誉兼职系列诈骗案

2016年2月，重庆市巫溪县公安机关接到市民钟某举报，称其在QQ上看到网友发布的"在指定网上商城购买代刷商品可得本金及佣金"的刷信誉兼职信息。钟某信以为真，分4次花费7800元购买了"刷单"任务指定商品，掉入了对方精心设计的诈骗陷阱。经缜密侦查，重庆市公安机关在湖北、福建等地抓获该案犯罪嫌疑人苏某等9人。据嫌疑人交代，其以每条1.2～1.5元大量购买个人应聘信息后，通过QQ给应聘者消息，以刷单返利的方式引诱受害人在虚假商城购买东西，实施诈骗。目前，苏某等9人均因涉嫌诈骗罪被刑事拘留。

【**案例4**】 WannaCry勒索病毒席卷全球

2017年5月，一款名为Wannacry的蠕虫勒索软件袭击全球网络，这被认为是迄今为止最巨大的勒索交费活动，影响到近百个国家上千家企业及公共组织。在该事件爆发不久后，美国国会便提出了一项法案，以阻止政府存储网络武器的行为。

2. 小组讨论，交流分享

结合上述案例，讨论以计算机及网络为主体的信息系统可能存在哪些方面的安全威胁，会带来怎样的结果，以及如何预防（要求：在下列横线上记录个人见解，先在小组内围绕"主题"开展讨论；然后推选小组代表收集、整理和提炼讨论意见，上传班级"主题讨论"，进一步交流分享）＿＿＿＿＿＿＿＿＿＿＿＿＿＿＿＿＿＿＿＿＿＿＿＿＿＿＿＿＿＿＿＿＿＿。

自主学习2 了解信息安全的法律法规及道德规范

制定信息安全的法律法规及道德规范，是维护信息安全的基础，每个国家都有相应的法律法规和社会道德标准。我们应该了解和掌握国内外信息安全方面的一些法律法规，做信息社会的合格公民。

阅读"理论导学"与上网搜索，填写下表（要求：完成表24电子文档，上传"电子档案袋"）。

表 24

网上道德失范	造成危害
传播不良信息	毒化网上"空气",危害青少年身心健康。
诽谤他人	
虚假信息	
计算机病毒	

 理论导学

网上道德规范

网络的开放性和便捷性为人们参与网络传播提供了方便。首先是任何人都可在网上建立网站、申请空间和发表言论。但这种几乎毫无限制的"自由"却被一些人滥用,导致网上出现"色情传播""邪教言论""虚假信息""计算机病毒"等为法律所禁止或社会道德所不容的行为。为此,需要加强网络规范:未经允许,不进入他人计算机信息网络或使用他人信息资源,不对计算机信息网络功能进行删除、修改或增加,不对计算机信息网络中存储、处理或传输的数据和应用程序进行删除、修改或增加,不故意制作、传播计算机病毒等破坏性程序,不做危害计算机信息网络安全的其他事。

信息安全法律法规

道德是自律的规范,法律是他律的规范。仅仅依靠道德或技术进行信息管理,规范人们在信息活动中的行为是不够的,对于一些已经造成重大危害的行为,必须通过法律的手段来制裁。我国一贯重视信息安全,建立了有中国特色的信息安全法律体系。法律层面上,1997年《中华人民共和国刑法》首次界定了计算机犯罪,该法第二百八十五、二百八十六、二百八十七条以概括列举的方式分别规定了非法入侵计算机信息系统罪、破坏计算机信息系统罪及利用计算机实施金融犯罪等;行政法规和规章层次,有如1991年国务院发布的《计算机软件保护条例》,1997年公安部发布的《计算机信息网络国际联网安全保护管理办法》等。

全国青少年网络文明公约

要善于网上学习,不浏览不良信息。
要诚实友好交流,不侮辱欺诈他人。
要增强自护意识,不随意约会网友。
要维护网络安全,不破坏网络秩序。
要有益身心健康,不沉溺虚拟时空。

活动 2　综合实践活动

本活动的目的是帮助学生进一步探讨和积极面对信息化教学中可能潜在信息安全,争做一名合格的信息化时代教师。

自主活动 1 网络信息安全辩论会

以班为单位并以"网上虚假信息多"vs"网上真实信息多"为参考选题开展信息化与社会问题辩论会。

1. 活动目的

（1）使同学们有机会回顾信息化教学的学习过程，进一步探讨信息化教学中的各种问题，进一步巩固与加深对信息化教学的认识，争做一名合格的信息时代教师。

（2）通过亲身参加辩论会，了解辩论会的组织形式，并通过辩论会中正反双方的陈词，进一步提高思维能力和表达能力。

2. 活动任务

以"网上虚假信息多"vs"网上真实信息多"或是从信息化教学活动中另找一对认识模糊或是有争议的问题进行辩论。辩论的问题由全班同学商定，全班同学协同参与，最后评出优胜组和优秀辩手。

3. 活动过程

（1）经全班同学充分讨论后确定要辩论的问题。

（2）做好辩论会人员的分工。全班同学分成三部分，即主持人、裁判员，正、反方两大组，观众。首先选出主持人一人，裁判员若干；自由组合两大组，各选出一名组长，由组长作为组织者，每组再选出一个由四人组成的辩论小组，分别设置一、二、三、四辩手，组内其他成员通过各种途径协助查找相关案例和资料。余下同学作为观众，一方面观看两组的辩论，另一方面作为观众给辩论两组评观众分。

（3）观看一些辩论会录像。

（4）借鉴网络信息，制定辩论会的规则和要求，全体同学熟悉裁判规则，尤其是裁判员更要熟悉。

（5）抽签确定正、反方。明确本方观点和立场，以及各辩手的任务，做好辩论会准备工作。

（6）搜集资料并汇总，将有关资料填在表 25 中。同时也要注意对方观点及相关资料，以便进行反驳。

表 25 本方观点和论据的资源引用表

资源名称	来源	作者

（7）对有关资料进行分析和提炼，作为本方的观点及证据并填入表 26 中。

表 26

编号	本方观点	论据
Ⅰ		
Ⅱ		
Ⅲ		
Ⅳ		
Ⅴ		

（8）正、反双方针对所选辩论主题展开辩论。

4．活动结果

裁判员根据正反双方在整个活动中的表现进行评分，并填入表 27。

表 27a　辩论团体得分

辩方	陈词	攻辩	攻辩小结	自由辩论	回答观众提问	总结陈词	语言风度	团体配合	总分
正方									
反方									

表 27b　辩手个人得分

辩手	语言表达	整体意识	辩驳能力	综合印象	总分

5．活动评价

主持人根据裁判员、正反双方及观众的反映，对整个活动进行总结评价。可参考以下几个方面进行。

（1）从这次辩论会中学到了什么知识？

（2）这些知识对今后的信息化教学有什么指导作用？

（3）必须具备什么样的素养，才能成为一名信息社会的合格公民？

附 录

附录1 信息化教学新名词

1. 信息技术：用于管理和处理信息所采用的各种技术的总称。它主要是应用计算机科学和通信技术来设计、开发、安装和实施信息系统及应用软件。主要包括传感技术、计算机与智能技术、通信技术和控制技术。

2. 教育信息化：是指在教育领域运用计算机多媒体和网络信息技术，促进教育的全面改革，使之适应信息化社会对教育发展的新要求。核心内容就是要使教学手段科技化、教育传播信息化、教学方式现代化。

3. 信息化教学：泛指以信息技术支持为显著特征的教学形态。即以现代教学理念为指导，以信息技术为支持，应用现代教学方法的教学。借助信息技术手段与信息化媒体资源，辅助师生教与学，实现信息技术与教育教学的有效整合并逐步深度融合。

4. 教学设计：指依据教学理论、学习理论和传播理论，运用系统科学的方法，对教学目标、教学内容、教学媒体、教学策略、教学评价等要素和教学环节进行分析、计划并做出具体安排的过程。亦是为达成一定的教学目的，对教什么（课程、内容等）和怎么教（组织、方法、媒体的使用等）进行设计。

5. 教学策略：即是为实现某一教学目标而制定的、付诸教学过程的教学方法和手段，它包括教学组织形式、教法、学法、环境材料及情景设计、关键提问设计、多媒体运用等。

6. 教学流程：也称教学环节，包括对环节递进、时间分配、组织形式、导入设计、师生互动等进行"战略部署"。需重点关注：多元目标的落实体现，教学内容的层层递进，教学提问的适宜有效，过渡衔接与时间分配。

7. 教学反思：是指教师在教学实践中，通过观察、回顾、诊断、自我监控等方式，或是给予反思内容肯定、支持与强化，或是给予反思内容否定、思索与修正，抑或是自找优点、自我欣赏与自我激励，最终实现教学效能提升的方法、手段与过程。重点记录：亮点，败笔，偶得。

8. 微课：是指以视频为主要载体，记录教师在教育教学过程中围绕某个知识点（重点、难点、疑点、考点）或教学环节而开展的精练、精彩的教与学活动。

9. 慕课：大规模、开放的网络在线课程。

10. 翻转课堂：简单地说，就是将现有教师白天在学校课堂上的教学改为学生早晚在家观看教师的教学视频，而白天在教师指导下并在学校课堂上与同学进行学习交流、内化知识和完成任务的新型教学模式。但无论是学生在家看视频还是在学校交流讨论，必须是基于教师预设的"导学案""任务单"之上的学习，即"任务驱动"下的有序、有效学习。

11. 移动学习：指利用移动通信技术、设备获取教育信息、资源和服务的一种新型学习形式。提供学习者在任何时间、任何地点、以任何方式学习任何内容，实现"泛在学习"，限时随地的学习。

12. 碎片化学习：通过对学习内容、时间进行分割，使学习者对学习内容进行碎片化的学习。目前教育领域广泛推行的"微课"，即是碎片学习的具体体现，学习针对性、自由度、灵活度、吸收率更高。

13. 深度学习：是机器学习研究中的一个新的领域，其动机在于建立模拟人脑进行分析学习的神经网络，它模仿人脑的机制来解释数据，是一种基于对数据进行表征学习的方法。

14. 信息化学习环境：包括简易、交互式多媒体教学环境。简易多媒体教学环境主要由多媒体计算机、投影机、电视机等构成，以呈现数字教育资源为主。交互式多媒体教学环境主要由多媒体计算机、交互式电子白板或触控电视一体机等构成，在支持数字教育资源呈现的同时还能实现人机交互。

15. 通用软件：指广泛应用于教育教学活动中的通用性软件。如办公软件、即时交流软件、音视频编辑软件等。

16. 学科软件：指特别适用于某学科的软件。如几何画板、在线地图、听力训练软件、仿真实验和虚拟现实（VR）等。

17. 信息资源：是指以文字、图形、图像、声音、动画和视频等形式储存在一定的载体上并可供利用的信息。

18. 数字教育资源：是对教学素材、多媒体课件、主题学习资源包、电子书、专题网站等各类与教育教学内容相关的数字资源的统称。

19. 技术资源：是对通用软件、学科软件、数字教育资源和网络教学平台等资源的统称。

20. 三通两平台：宽带网络校校通、优质资源班班通（包括通"硬件""资源""应用"三个层面）和网络学习空间人人通，教育资源公共服务平台和教育管理公共服务平台。

21. 网络教学平台：是对能够为教育教学活动开展提供支持的网络平台的统称，如网络资源平台、网络互动平台、课程管理平台、在线测评系统、在线教学与学习空间等。

22. 网络社区：是指支持师生进行学习、交流、研讨等活动的网络平台，一般具备个人空间、教师工作坊等功能，能够建立不同类型的学习共同体，汇聚与生成学习研修资源，支持师生进行常态化学习研修。

23. 网络教研：是随着互联网的迅速发展应运而生的一种教学研究新模式，是依托信息技术手段和网络资源，跨越时空地实现教师与教师、教师与专家间的开放、动态、交互的教学研究新平台，更是传统教研的拓展与升华。

24. 电子档案袋：是指在信息技术环境下，学习者运用信息化手段表现和展示其在学习过程中关于学习目的、学习活动、学习成果、学习业绩、学习付出、学业进步以及关于学习过程和学习结果进行反思的有关学习的一种集合体。

25. 大数据：指无法在一定时间范围内用常规软件工具进行捕捉、管理和处理的数据集合，是需要新处理模式才能具有更强的决策力、洞察发现力和流程优化能力的海量、高增长率和多样化的信息资产。

26. 人工智能：是研究、开发用于模拟、延伸和扩展人的智能的理论、方法、技术及应用系统的一门新技术。是计算机科学分支，它企图了解智能的实质，并生产出一种新的能以人类智能相似的方式做出反应的智能机器。

27. 物联网：即物物相连，核心和基础仍然是互联网，是在互联网基础上的延伸和扩展，其用户端为任何物体与物体之间的信息交换和通信，以实现对物体的智能化感应识别、定位、跟踪、监控和管理。

28. 可穿戴技术：是20世纪60年代，美国麻省理工学院媒体实验室提出的创新技术，利用该技术可以把多媒体、传感器和无线通信等技术嵌入人们的衣着中，通过"内在连通性"实现快速的数据获取，通过超快的分享内容能力高效地保持社交联系，可支持手势和眼动操作等多种交互方式。

29. 虚拟现实（VR）：是仿真技术与计算机图形学、人机接口技术、多媒体技术、传感技术、网络技术等多种技术的集合，是利用计算机生成的一种多源信息融合、三维动态视景和虚拟实体行为的交互式环境。包括模拟环境、感知系统、自然技能和传感设备等方面。模拟环境是由计算机生成的、实时动态的三维动态视景；感知系统是包括由计算机图形技术所生成的视觉感知以及听觉、触觉、力觉、运动等感知系统，甚至还包括嗅觉和味觉等，即具有一切人所具有的多感知；自然技能是指人的头部转动，眼睛、手势或其他人体行为动作，由计算机来处理与参与者的动作相适应的数据，并对用户的输入作出实时响应，且及时分别反馈到参与者的各种感觉器官；传感设备即是指三维交互设备。

30. 网络安全：是指网络系统的硬件、软件及其系统中的数据受到保护，不因偶然的或者恶意的原因而遭受到破坏、更改、泄露，系统连续可靠正常地运行，网络服务不被中断。它涉及信息的保密性、完整性、可用性和可控性。

31. 信息道德：是指在信息领域中用以规范人们相互关系的思维观念与行为准则。

32. 网络道德：是指以善恶为标准，通过社会舆论、内心信念和传统习惯来评价人们的上网行为，调节网络时空中人与人之间以及个人与社会之间关系的行为规范。

附录2 幼儿园教育指导纲要(试行)

第一部分 总 则

一、为贯彻《中华人民共和国教育法》《幼儿园管理条例》和《幼儿园工作规程》,指导幼儿园深入实施素质教育,特制定本纲要。

二、幼儿园教育是基础教育的重要组成部分,是我国学校教育和终身教育的奠基阶段。城乡各类幼儿园都应从实际出发,因地制宜地实施素质教育,为幼儿一生的发展打好基础。

三、幼儿园应与家庭、社区密切合作,与小学相互衔接,综合利用各种教育资源,共同为幼儿的发展创造良好的条件。

四、幼儿园应为幼儿提供健康、丰富的生活和活动环境,满足他们多方面发展的需要,使他们在快乐的童年生活中获得有益于身心发展的经验。

五、幼儿园教育应尊重幼儿的人格和权利,尊重幼儿身心发展的规律和学习特点,以游戏为基本活动,保教并重,关注个别差异,促进每个幼儿富有个性的发展。

第二部分 教育内容与要求

幼儿园的教育内容是全面的、启蒙性的,可以相对划分为健康、语言、社会、科学、艺术等五个领域,也可作其他不同的划分。各领域的内容相互渗透,从不同的角度促进幼儿情感、态度、能力、知识、技能等方面的发展。

一、健康

(一)目标

1. 身体健康,在集体生活中情绪安定、愉快;
2. 生活、卫生习惯良好,有基本的生活自理能力;
3. 知道必要的安全保健常识,学习保护自己;
4. 喜欢参加体育活动,动作协调、灵活。

(二)内容与要求

1. 建立良好的师生、同伴关系,让幼儿在集体生活中感到温暖,心情愉快,形成安全感、信赖感。
2. 与家长配合,根据幼儿的需要建立科学的生活常规。培养幼儿良好的饮食、睡眠、盥洗、排泄等生活习惯和生活自理能力。
3. 教育幼儿爱清洁、讲卫生,注意保持个人和生活场所的整洁和卫生。
4. 密切结合幼儿的生活进行安全、营养和保健教育,提高幼儿的自我保护意识和能力。
5. 开展丰富多彩的户外游戏和体育活动,培养幼儿参加体育活动的兴趣和习惯,增强体质,提高对环境的适应能力。

6. 用幼儿感兴趣的方式发展基本动作，提高动作的协调性、灵活性。

7. 在体育活动中，培养幼儿坚强、勇敢、不怕困难的意志品质和主动、乐观、合作的态度。

（三）指导要点

1. 幼儿园必须把保护幼儿的生命和促进幼儿的健康放在工作的首位。树立正确的健康观念，在重视幼儿身体健康的同时，要高度重视幼儿的心理健康。

2. 既要高度重视和满足幼儿受保护、受照顾的需要，又要尊重和满足他们不断增长的独立要求，避免过度保护和包办代替，鼓励并指导幼儿自理、自立的尝试。

3. 健康领域的活动要充分尊重幼儿生长发育的规律，严禁以任何名义进行有损幼儿健康的比赛、表演或训练等。

4. 培养幼儿对体育活动的兴趣是幼儿园体育的重要目标，要根据幼儿的特点组织生动有趣、形式多样的体育活动，吸引幼儿主动参与。

二、语言

（一）目标

1. 乐意与人交谈，讲话礼貌；

2. 注意倾听对方讲话，能理解日常用语；

3. 能清楚地说出自己想说的事；

4. 喜欢听故事、看图书；

5. 能听懂和会说普通话。

（二）内容与要求

1. 创造一个自由、宽松的语言交往环境，支持、鼓励、吸引幼儿与教师、同伴或他人交谈，体验语言交流的乐趣，学习使用适当的、礼貌的语言交往。

2. 养成幼儿注意倾听的习惯，发展语言理解能力。

3. 鼓励幼儿大胆、清楚地表达自己的想法和感受，尝试说明、描述简单的事物或过程，发展语言表达能力和思维能力。

4. 引导幼儿接触优秀的儿童文学作品，使之感受语言的丰富和优美，并通过多种活动帮助幼儿加深对作品的体验和理解。

5. 培养幼儿对生活中常见的简单标记和文字符号的兴趣。

6. 利用图书、绘画和其他多种方式，引发幼儿对书籍、阅读和书写的兴趣，培养前阅读和前书写技能。

7. 提供普通话的语言环境，帮助幼儿熟悉、听懂并学说普通话。少数民族地区还应帮助幼儿学习本民族语言。

（三）指导要点

1. 语言能力是在运用的过程中发展起来的，发展幼儿语言的关键是创设一个能使他们想说、敢说、喜欢说、有机会说并能得到积极应答的环境。

2. 幼儿语言的发展与其情感、经验、思维、社会交往能力等其他方面的发展密切相关，因此，发展幼儿语言的重要途径是通过互相渗透的各领域的教育，在丰富多彩的活动中去扩展幼儿的经验，提供促进语言发展的条件。

3. 幼儿的语言学习具有个别化的特点，教师与幼儿的个别交流、幼儿之间的自由交谈等，对幼儿语言发展具有特殊意义。

4. 对有语言障碍的儿童要给予特别关注，要与家长和有关方面密切配合，积极地帮助他们提高语言能力。

三、社会

（一）目标

1. 能主动地参与各项活动，有自信心；

2. 乐意与人交往，学习互助、合作和分享，有同情心；

3. 理解并遵守日常生活中基本的社会行为规则；

4. 能努力做好力所能及的事，不怕困难，有初步的责任感；

5. 爱父母长辈、老师和同伴，爱集体、爱家乡、爱祖国。

（二）内容与要求

1. 引导幼儿参加各种集体活动，体验与教师、同伴等共同生活的乐趣，帮助他们正确认识自己和他人，养成对他人、社会亲近、合作的态度，学习初步的人际交往技能。

2. 为每个幼儿提供表现自己长处和获得成功的机会，增强其自尊心和自信心。

3. 提供自由活动的机会，支持幼儿自主地选择、计划活动，鼓励他们通过多方面的努力解决问题，不轻易放弃克服困难的尝试。

4. 在共同的生活和活动中，以多种方式引导幼儿认识、体验并理解基本的社会行为规则，学习自律和尊重他人。

5. 教育幼儿爱护玩具和其他物品，爱护公物和公共环境。

6. 与家庭、社区合作，引导幼儿了解自己的亲人以及与自己生活有关的各行各业人们的劳动，培养其对劳动者的热爱和对劳动成果的尊重。

7. 充分利用社会资源，引导幼儿实际感受祖国文化的丰富与优秀，感受家乡的变化和发展，激发幼儿爱家乡、爱祖国的情感。

8. 适当向幼儿介绍我国各民族和世界其他国家、民族的文化，使其感知人类文化的多样性和差异性，培养理解、尊重、平等的态度。

（三）指导要点

1. 社会领域的教育具有潜移默化的特点。幼儿社会态度和社会情感的培养尤应渗透在多种活动和一日生活的各个环节之中，要创设一个能使幼儿感受到接纳、关爱和支持的良好环境，避免单一呆板的言语说教。

2. 幼儿与成人、同伴之间的共同生活、交往、探索、游戏等，是其社会学习的重要途径。应为幼儿提供人际间相互交往和共同活动的机会和条件，并加以指导。

3. 社会学习是一个漫长的积累过程，需要幼儿园、家庭和社会密切合作，协调一致，共同促进幼儿良好社会性品质的形成。

四、科学

（一）目标

1. 对周围的事物、现象感兴趣，有好奇心和求知欲；

2. 能运用各种感官，动手动脑，探究问题；

3. 能用适当的方式表达、交流探索的过程和结果；
4. 能从生活和游戏中感受事物的数量关系并体验到数学的重要和有趣；
5. 爱护动植物，关心周围环境，亲近大自然，珍惜自然资源，有初步的环保意识。

（二）内容与要求

1. 引导幼儿对身边常见事物和现象的特点、变化规律产生兴趣和探究的欲望。
2. 为幼儿的探究活动创造宽松的环境，让每个幼儿都有机会参与尝试，支持、鼓励他们大胆提出问题，发表不同意见，学会尊重别人的观点和经验。
3. 提供丰富的可操作的材料，为每个幼儿都能运用多种感官、多种方式进行探索提供活动的条件。
4. 通过引导幼儿积极参加小组讨论、探索等方式，培养幼儿合作学习的意识和能力，学习用多种方式表现、交流、分享探索的过程和结果。
5. 引导幼儿对周围环境中的数、量、形、时间和空间等现象产生兴趣，建构初步的数概念，并学习用简单的数学方法解决生活和游戏中某些简单的问题。
6. 从生活或媒体中幼儿熟悉的科技成果入手，引导幼儿感受科学技术对生活的影响，培养他们对科学的兴趣和对科学家的崇敬。
7. 在幼儿生活经验的基础上，帮助幼儿了解自然、环境与人类生活的关系。从身边的小事入手，培养初步的环保意识和行为。

（三）指导要点

1. 幼儿的科学教育是科学启蒙教育，重在激发幼儿的认知兴趣和探究欲望。
2. 要尽量创造条件让幼儿实际参加探究活动，使他们感受科学探究的过程和方法，体验发现的乐趣。
3. 科学教育应密切联系幼儿的实际生活进行，利用身边的事物与现象作为科学探索的对象。

五、艺术

（一）目标

1. 能初步感受并喜爱环境、生活和艺术中的美；
2. 喜欢参加艺术活动，并能大胆地表现自己的情感和体验；
3. 能用自己喜欢的方式进行艺术表现活动。

（二）内容与要求

1. 引导幼儿接触周围环境和生活中美好的人、事、物，丰富他们的感性经验和审美情趣，激发他们表现美、创造美的情趣。
2. 在艺术活动中面向全体幼儿，要针对他们的不同特点和需要，让每个幼儿都得到美的熏陶和培养。对有艺术天赋的幼儿要注意发展他们的艺术潜能。
3. 提供自由表现的机会，鼓励幼儿用不同艺术形式大胆地表达自己的情感、理解和想象，尊重每个幼儿的想法和创造，肯定和接纳他们独特的审美感受和表现方式，分享他们创造的快乐。
4. 在支持、鼓励幼儿积极参加各种艺术活动并大胆表现的同时，帮助他们提高表现的技能和能力。

5. 指导幼儿利用身边的物品或废旧材料制作玩具、手工艺品等来美化自己的生活或开展其他活动。

6. 为幼儿创设展示自己作品的条件，引导幼儿相互交流、相互欣赏、共同提高。

（三）指导要点

1. 艺术是实施美育的主要途径，应充分发挥艺术的情感教育功能，促进幼儿健全人格的形成。要避免仅仅重视表现技能或艺术活动的结果，而忽视幼儿在活动过程中的情感体验和态度的倾向。

2. 幼儿的创作过程和作品是他们表达自己的认识和情感的重要方式，应支持幼儿富有个性和创造性的表达，克服过分强调技能技巧和标准化要求的偏向。

3. 幼儿艺术活动的能力是在大胆表现的过程中逐渐发展起来的，教师的作用应主要在于激发幼儿感受美、表现美的情趣，丰富他们的审美经验，使之体验自由表达和创造的快乐。在此基础上，根据幼儿的发展状况和需要，对表现方式和技能技巧给予适时、适当的指导。

第三部分　组织与实施

一、幼儿园的教育是为所有在园幼儿的健康成长服务的，要为每一个儿童，包括有特殊需要的儿童提供积极的支持和帮助。

二、幼儿园的教育活动，是教师以多种形式有目的、有计划地引导幼儿生动、活泼、主动活动的教育过程。

三、教育活动的组织与实施过程是教师创造性地开展工作的过程。教师要根据本《纲要》，从本地、本园的条件出发，结合本班幼儿的实际情况，制定切实可行的工作计划并灵活地执行。

四、教育活动目标要以《幼儿园工作规程》和本《纲要》所提出的各领域目标为指导，结合本班幼儿的发展水平、经验和需要来确定。

五、教育活动内容的选择应遵照本《纲要》第二部分的有关条款进行，同时体现以下原则：

（一）既适合幼儿的现有水平，又有一定的挑战性。

（二）既符合幼儿的现实需要，又有利于其长远发展。

（三）既贴近幼儿的生活来选择幼儿感兴趣的事物和问题，又有助于拓展幼儿的经验和视野。

六、教育活动内容的组织应充分考虑幼儿的学习特点和认识规律，各领域的内容要有机联系，相互渗透，注重综合性、趣味性、活动性，寓教育于生活、游戏之中。

七、教育活动的组织形式应根据需要合理安排，因时、因地、因内容、因材料灵活地运用。

八、环境是重要的教育资源，应通过环境的创设和利用，有效地促进幼儿的发展。

（一）幼儿园的空间、设施、活动材料和常规要求等应有利于引发、支持幼儿的游戏和各种探索活动，有利于引发、支持幼儿与周围环境之间积极的相互作用。

（二）幼儿同伴群体及幼儿园教师集体是宝贵的教育资源，应充分发挥这一资源的作用。

（三）教师的态度和管理方式应有助于形成安全、温馨的心理环境；言行举止应成为幼儿学习的良好榜样。

（四）家庭是幼儿园重要的合作伙伴。应本着尊重、平等、合作的原则，争取家长的理解、支持和主动参与，并积极支持、帮助家长提高教育能力。

（五）充分利用自然环境和社区的教育资源，扩展幼儿生活和学习的空间。幼儿园同时应为社区的早期教育提供服务。

九、科学、合理地安排和组织一日生活。

（一）时间安排应有相对的稳定性与灵活性，既有利于形成秩序，又能满足幼儿的合理需要，照顾到个体差异。

（二）教师直接指导的活动和间接指导的活动相结合，保证幼儿每天有适当的自主选择和自由活动时间。教师直接指导的集体活动要能保证幼儿的积极参与，避免时间的隐性浪费。

（三）尽量减少不必要的集体行动和过渡环节，减少和消除消极等待现象。

（四）建立良好的常规，避免不必要的管理行为，逐步引导幼儿学习自我管理。

十、教师应成为幼儿学习活动的支持者、合作者、引导者。

（一）以关怀、接纳、尊重的态度与幼儿交往。耐心倾听，努力理解幼儿的想法与感受，支持、鼓励他们大胆探索与表达。

（二）善于发现幼儿感兴趣的事物、游戏和偶发事件中所隐含的教育价值，把握时机，积极引导。

（三）关注幼儿在活动中的表现和反应，敏感地察觉他们的需要，及时以适当的方式应答，形成合作探究式的师生互动。

（四）尊重幼儿在发展水平、能力、经验、学习方式等方面的个体差异，因人施教，努力使每一个幼儿都能获得满足和成功。

（五）关注幼儿的特殊需要，包括各种发展潜能和不同发展障碍，与家庭密切配合，共同促进幼儿健康成长。

十一、幼儿园教育要与0-3岁儿童的保育教育以及小学教育相互衔接。

第四部分　教育评价

一、教育评价是幼儿园教育工作的重要组成部分，是了解教育的适宜性、有效性，调整和改进工作，促进每一个幼儿发展，提高教育质量的必要手段。

二、管理人员、教师、幼儿及其家长均是幼儿园教育评价工作的参与者。评价过程是各方共同参与、相互支持与合作的过程。

三、评价的过程，是教师运用专业知识审视教育实践，发现、分析、研究、解决问题的过程，也是其自我成长的重要途径。

四、幼儿园教育工作评价实行以教师自评为主，园长以及有关管理人员、其他教师和家长等参与评价的制度。

五、评价应自然地伴随着整个教育过程进行。综合采用观察、谈话、作品分析等多种方法。

六、幼儿的行为表现和发展变化具有重要的评价意义，教师应视之为重要的评价信息和改进工作的依据。

七、教育工作评价宜重点考察以下方面：

（一）教育计划和教育活动的目标是否建立在了解本班幼儿现状的基础上。

（二）教育的内容、方式、策略、环境条件是否能调动幼儿学习的积极性。

（三）教育过程是否能为幼儿提供有益的学习经验，并符合其发展需要。

（四）教育内容、要求能否兼顾群体需要和个体差异，使每个幼儿都能得到发展，都有成功感。

（五）教师的指导是否有利于幼儿主动、有效地学习。

八、对幼儿发展状况的评估，要注意：

（一）明确评价的目的是了解幼儿的发展需要，以便提供更加适宜的帮助和指导。

（二）全面了解幼儿的发展状况，防止片面性，尤其要避免只重知识和技能，忽略情感、社会性和实际能力的倾向。

（三）在日常活动与教育教学过程中采用自然的方法进行。平时观察所获的具有典型意义的幼儿行为表现和所积累的各种作品等，是评价的重要依据。

（四）承认和关注幼儿的个体差异，避免用统一的标准评价不同的幼儿，在幼儿面前慎用横向的比较。

（五）以发展的眼光看待幼儿，既要了解现有水平，更要关注其发展的速度、特点和倾向等。

附录3　中小学教师信息技术应用能力标准（试行）

信息技术应用能力是信息化社会教师必备专业能力。为全面提升中小学教师的信息技术应用能力，促进信息技术与教育教学深度融合，特制定《中小学教师信息技术应用能力标准（试行）》（以下简称《能力标准》）。

一、总　则

（一）《能力标准》是规范与引领中小学教师在教育教学和专业发展中有效应用信息技术的准则，是各地开展教师信息技术应用能力培养、培训和测评等工作的基本依据。幼儿园、中等职业学校教师参照执行。

（二）《能力标准》根据我国中小学校信息技术实际条件的不同、师生信息技术应用情境的差异，对教师在教育教学和专业发展中应用信息技术提出了基本要求和发展性要求。其中，I. 应用信息技术优化课堂教学的能力为基本要求，主要包括教师利用信息技术进行讲解、启发、示范、指导、评价等教学活动应具备的能力；II. 应用信息技术转变学习方式的能力为发展性要求，主要针对教师在学生具备网络学习环境或相应设备的条件下，利用信息技术支持学生开展自主、合作、探究等学习活动所应具有的能力。本标准根据教师教育教学工作与专业发展主线，将信息技术应用能力区分为技术素养、计划与准备、组织与管理、评估与诊断、学习与发展五个维度。

二、基本内容

维度	I. 应用信息技术优化课堂教学	II. 应用信息技术转变学习方式
技术素养	1. 理解信息技术对改进课堂教学的作用，具有主动运用信息技术优化课堂教学的意识。	1. 了解信息时代对人才培养的新要求，具有主动探索和运用信息技术变革学生学习方式的意识。
	2. 了解多媒体教学环境的类型与功能，熟练操作常用设备。	2. 掌握互联网、移动设备及其他新技术的常用操作，了解其对教育教学的支持作用。
	3. 了解与教学相关的通用软件及学科软件的功能及特点，并能熟练应用。	3. 探索使用支持学生自主、合作、探究学习的网络教学平台等技术资源。
	4. 通过多种途径获取数字教育资源，掌握加工、制作和管理数字教育资源的工具与方法。	4. 利用技术手段整合多方资源，实现学校、家庭、社会相连接，拓展学生的学习空间。
	5. 具备信息道德与信息安全意识，能够以身示范。	5. 帮助学生树立信息道德与信息安全意识，培养良好的行为习惯。

续表

维度	I. 应用信息技术优化课堂教学	II. 应用信息技术转变学习方式
计划与准备	6. 依据课程标准、学习目标、学生特征和技术条件，选择适当的教学方法，找准运用信息技术解决教学问题的契合点。	6. 依据课程标准、学习目标、学生特征和技术条件，选择适当的教学方法，确定运用信息技术培养学生综合能力的契合点。
	7. 设计有效实现学习目标的信息化教学过程。	7. 设计有助于学生进行自主、合作、探究学习的信息化教学过程与学习活动。
	8. 根据教学需要，合理选择与使用技术资源。	8. 合理选择与使用技术资源，为学生提供丰富的学习机会和个性化的学习体验。
	9. 加工制作有效支持课堂教学的数字教育资源。	9. 设计学习指导策略与方法，促进学生的合作、交流、探索、反思与创造。
	10. 确保相关设备与技术资源在课堂教学环境中正常使用。	10. 确保学生便捷、安全地访问网络和利用资源。
	11. 预见信息技术应用过程中可能出现的问题，制订应对方案。	11. 预见学生在信息化环境中进行自主、合作、探究学习可能遇到的问题，制订应对方案。
组织与管理	12. 利用技术支持，改进教学方式，有效实施课堂教学。	12. 利用技术支持，转变学习方式，有效开展学生自主、合作、探究学习。
	13. 让每个学生平等地接触技术资源，激发学生学习兴趣，保持学生学习注意力。	13. 让学生在集体、小组和个别学习中平等获得技术资源和参与学习活动的机会。
	14. 在信息化教学过程中，观察和收集学生的课堂反馈，对教学行为进行有效调整。	14. 有效使用技术工具收集学生学习反馈，对学习活动进行及时指导和适当干预。
	15. 灵活处置课堂教学中因技术故障引发的意外状况。	15. 灵活处置学生在信息化环境中开展学习活动发生的意外状况。
	16. 鼓励学生参与教学过程，引导学生提升技术素养并发挥其技术优势。	16. 支持学生积极探索使用新的技术资源，创造性地开展学习活动。
评估与诊断	17. 根据学习目标科学设计并实施信息化教学评价方案。	17. 根据学习目标科学设计并实施信息化教学评价方案，并合理选取或加工利用评价工具。
	18. 尝试利用技术工具收集学生学习过程信息，能整理、分析与发现问题，提出针对性的改进措施。	18. 综合利用技术手段进行学情分析，为促进学生的个性化学习提供依据。
	19. 尝试利用技术工具开展测验、练习等工作，提高评价工作效率。	19. 引导学生利用评价工具开展自评与互评，做好过程性和终结性评价。
	20. 尝试建立学生学习电子档案，为学生综合素质评价提供支持。	20. 利用技术手段持续收集学生学习过程及结果的关键信息，建立学生学习电子档案，为学生综合素质评价提供支持。

续表

维度	I. 应用信息技术优化课堂教学	II. 应用信息技术转变学习方式
学习与发展	21. 理解信息技术对教师专业发展的作用，具备主动运用信息技术促进自我反思与发展的意识。 22. 利用教师网络研修社区，积极参与技术支持的专业发展活动，养成网络学习的习惯，不断提升教育教学能力。 23. 利用信息技术与专家和同行建立并保持业务联系，依托学习共同体，促进自身专业成长。 24. 掌握专业发展所需的技术手段和方法，提升信息技术环境下的自主学习能力。 25. 有效参与信息技术支持下的校本研修，实现学用结合。	

三、实施要求

（一）地方各级教育行政部门要将《能力标准》作为加强中小学教师队伍建设的重要依据，充分发挥《能力标准》的引领和导向作用，将信息技术应用能力提升纳入教师全员培训，开展教师信息技术应用能力测评，建立并完善推动教师主动应用信息技术的机制，切实提升广大教师信息技术应用能力，为全面推动教育信息化，深化课程改革，实现教师专业自主发展奠定坚实基础。

（二）有关高等学校和教师培训机构要将《能力标准》作为教师培养培训工作的重要依据，加强相关学科专业建设，完善培养培训方案，科学设置培养培训课程，创新培养培训模式，加强师资队伍和课程资源建设，开展相关研究，促进教师专业发展。

（三）中小学校要将《能力标准》作为推动教师专业发展和教师管理的重要依据。制订教师信息技术应用能力提升规划，整合利用校内外资源，做好校本研修，为教师提升信息技术应用能力提供有效支持。要完善教师岗位职责和考核评价制度，推动教师在教育教学和日常工作中主动应用信息技术。

（四）中小学教师要将《能力标准》作为自身专业发展的重要依据。要主动适应信息化社会的挑战，充分利用各种学习机会，更新观念、补充知识、提升技能，不断增强信息技术应用能力。要养成良好的应用习惯，积极反思，勇于探索，将信息技术融于教学和师生交流等各个环节，转变教育教学方式，促进学生有效学习和个性化发展。要善于利用信息技术，拓宽成长路径，实现专业自主发展，做终身学习的典范。

附录4 相关模板

4.1 信息化教学活动设计模板

设计教师：_____　　任教学校：_____　　设计时间：_____

活动名称		涉及领域		班级		课时	

一、活动背景（活动内容、参与者特征分析）

二、活动目标

1. 情感目标（情感态度）

2. 能力目标（能力发展）

3. 认知目标（认知学习）

三、活动重点、难点

四、活动方法

五、活动准备（幼儿经验准备、硬件环境及软件资源准备）

六、活动过程

活动环节		教师活动	学生活动	信息技术融合点	设计意图
开始部分					
基本部分	活动一				
	活动二				
	活动三				
	……				
结束部分					
延伸部分					

七、活动反思

111

4.2 综合素质测试试卷模板

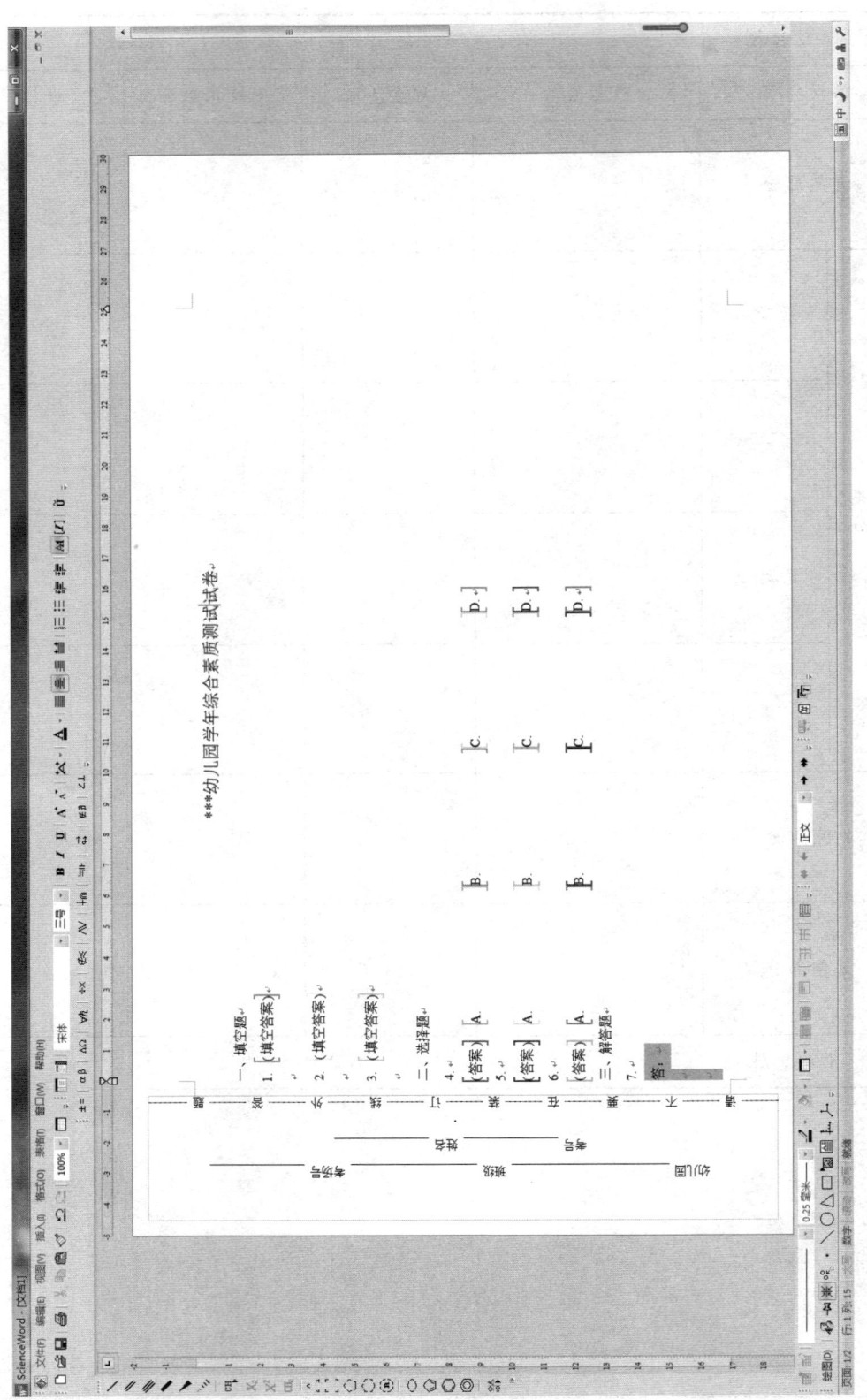

4.3 信息化教学主题活动设计模板

设计教师：_____   任教学校：_____   设计时间：_____

活动名称		涉及领域		班级		课时	
一、主题介绍（主题内容、参与者特征分析）							
二、主题目标							
1. 情感目标（情感态度） 2. 能力目标（能力发展） 3. 认知目标（认知学习）							
三、活动准备（幼儿经验准备、硬件环境及软件资源准备）							
四、思维导图							
五、活动反思							

附录5 活动目标设计行为动词参考一览表

目标分类	学习水平			对象检索	行为动词
	陈述性	程序性	迁移性		
结果性目标	认知 了解			包括再认或回忆知识,识别,辨认事实或证据,举出例子,描述对象的基本特征等。	说出 背诵 辨认 复述 描述 识别 再认 列举等
		理解		包括把握内在逻辑关系,与已有知识建立联系,进行解释,推断,区别、扩展、提供证据,收集、整理信息等。	解释 说明 阐明 比较 分类 归纳 概括 概述 区别 提供 预测 推断 检索 整理 感知等
			应用	包括在新的情境中使用抽象的概念、原则,进行总结、推广,建立不同情境下的合理联系等。	设计 质疑 撰写 解决 检验 计划 总结 推广 证明等
	能力 模仿			包括在原形示范和具体指导下完成操作,对所提供的对象进行模拟、修改等。	模拟 尊重 再现 例证 临摹 类推 编写 比较等
		独立操作		包括独立完成操作,进行调整与改进、尝试与已有技能建立联系等。	完成 制定 解决 拟定 安装 绘制 测量 尝试 试验 操作等
			迁移	包括在新的情境下运用已有技能,理解同一技能在不同情况中适用性等。	联系 转换 创编 探究 运用 判断 推理 分辨 举一反三 触类旁通等
体验性目标	情感 经历(感受)			包括独立从事或合作参与相关活动,建立感性认识等。	经历 感受 参加 参与 尝试 寻找 讨论 交流 合作 分享 参观 访问 考察 接触 体验等。
		反映(认同)		包括在经历基础上表达感受、态度和价值判断,作出相应的反应等。	遵守 拒绝 认可 接受 同意 反对 愿意 欣赏 称赞 喜欢 讨厌 乐于 关心 自觉 关注 重视 采用 采纳 支持 尊重 爱护 爱惜 蔑视 怀疑 摈弃 抵制 克服 拥护 帮助等
			领悟(内化)	包括具有相对稳定的态度,表现出持续的行为;具有个性化的价值观等。	形成 养成 具有 热爱 树立 建立 坚持 保持 确立 追求 懂得等

附录6 信息化教学评价量表

6.1 优秀教学设计评价指标

一级指标	指标说明	权重	评分
教学设计	教学目标、对象明确;有效融入新课程理念;有特色文化渗透。教学步骤清楚;教学环节完整。信息化手段、媒体资源、教学方法和教学策略选用得当、运用灵活。表述准确,术语规范。	30	
内容呈现	教学目标分类清晰、行为动词选用得当。教学重难点分析清楚。教学过程描述内容丰富、科学,重点突出,有难点突破。信息化素材选用和媒体呈现适当,表现方式合理,能较好的辅助教学目标的实现。	40	
技术应用	体现融为一体的文字、公式混合编排;体现软件应有的绘图等其他功能。完成文本修饰(纸张:A4型;页边距:上、下、右均为2 cm;装订线:左0.3 cm;标题:22磅小标宋体、加粗;正文:17磅仿宋体;页码:4号半角阿拉伯数字。	20	
创新与实用	立意新颖,具有想象力和个性表现力。适用于实际教学、有推广性。	10	
得分与等级	得分: 等级:		
备注	得分90~100为优秀;75~89为良好;60~74为合格,低于60分不合格。		

6.2 优秀课件评价指标

一级指标	指标说明	权重	评分
教学设计	教学目标、对象明确。有特色文化渗透。界面设计合理，风格统一，有必要的交互。有清晰的文字介绍和帮助文档。	20	
内容呈现	内容丰富、科学，表述准确，术语规范。教材适用适当，表现方式合理。素材选用得当，结构合理。	15	
技术应用	程序运行稳定，操作方式简便、快捷。导航方便合理，路径可选。合理运用视频、声音、动画素材。画面清晰、动画连续、色彩逼真、文字醒目。新技术运用有效；网页形式作品可用 Web 浏览器浏览。	45	
创新与实用	立意新颖，具有想象力和个性表现力。适用于实际教学，有推广性。	20	
得分与等级	得分：　　　　　　等级：		
备　注	得分 90～100 为优秀；75～89 为良好；60～74 为合格，低于 60 分不合格。		

6.3 优质课评价指标

一级指标	指标说明	权重	得分
教学目标	体现新课标理念，教学目标明确，具有可操作性；体现学科特点，符合学生实际；有利于学生学习，有效促进学生发展。	10	
教学设计	教学情景符合教学对象的要求；有效应用信息技术与课堂教学融合；重点突破、难点处理得当；注重学科特点，将信息化解决应用，采用符合要求的教学模式。教学环节设计合理；采用符合要求的教学模式。	20	
教学资源	教与学资源的选用具有多样性、科学性；信息化媒体操作熟练，有效融入各教学环节，简洁完整，能准确地呈现教学内容；信息化媒体的多种功能有效应用，无技术干扰，无负面干扰；画面音视频清晰，充分调动学生的多感官参与学习，能有效促进教学目标的完成。	25	
教学过程	面向全体学生，关注个性差异，突出学生主体地位；促进学习者的高水平思维发展；学生互动有深度，善于引导，课堂互动流畅深入；师生互动能组织合理；教学环节分配合理，衔接自然、详略得当；信息化媒体多种功能有效应用，重点突出；教学内容操作熟练，多种教学信息化融入各教学环节，充分调动学生的多感官参与学习；有及时的反馈和课后反思；有必要的板书，且书写规范、排版合理。	25	
教学效果	教学目标达成性好，达成度高；学生思维活跃、学习气氛民主、和谐，师生、生生、师生与媒体互动恰当。	10	
教学特色	语言清楚，语意准确，逻辑性强，有节奏感，富有亲和力，具有示范性；教态端庄大方，富有创新性；信息化媒体教学应用具有独创性，课堂教学方法具有特点和地方民族特色，并有效融入地方特点和民族特色。	5	
得分与等级	得分： 等级：		
备 注	得分 90~100 为优秀；75~89 为良好；60~74 为合格，低于 60 分不合格。		

6.4 优质说课评价指标

一级指标	指标说明	权重	评分
说教材	活动内容在学段或班级活动目标中所处的地位及其作用； 活动的内容结构及与前后知识的联系； 教学活动的设计意图； 教学活动的重点、难点、关键及其对应的确定依据； 教学活动要实现的教学目标及预期对应的确定依据。	10	
说学情	幼儿年龄特点、认知基础、生活经验及身心发展状况； 幼儿接受教学内容的难易程度； 如何创设情境、调动活动参与的积极性。	10	
说目标	关注教学活动中的情感目标（情感态度）、能力目标（能力发展）、认知目标（认知学习）三个维度以及核心要素； 活动目标准确明确，符合大纲要求和幼儿实际水平，具有针对性和可操作性。	10	
说教法	教学方法选用合理，突破难点，理论依据充分； 突出重点、突破难点、抓住关键所采用的教学策略； 发挥教师主导、学生主体作用所采用的教学方法； 媒体资源的呈现时机和预期效果； 采用何种方法训练和培养学生何种学习习惯和学习方法。	10	
说学法	采用何种方法指导幼儿活动； 如何帮助学生学得知识、提升能力。 怎样在教学活动中预设可能出现的问题以及应对的办法； 如何实施幼儿学习方法的指导。	12	

续表

一级指标	指标说明	权重	评分
说重难点	教学活动重点、难点定位明确；突出重点、突破难点的手段合理，方法得当。	8	
说准备	教学活动环境准备与情景创设；技术手段及信息化媒体资源准备；考虑幼儿已有知识经验尤其是参与学习活动的基础。	10	
说过程	根据目标、幼儿实际及兴趣需要，组织和指导活动；教学活动的环节安排与时间分配；引入课题思路，突破难点活动中出现问题时的应变方法；突出重点、教学活动所采用的媒体资源及语言表述；板书、板图设计的理念与设计意图；信息化手段、媒体资源与其他教具选用效果预测；课堂小结的作用、例题、课堂训练与课外作业的设计意图；发挥保教人员的作用。	22	
基本素养	个性特点鲜明、教学机智高、课堂应变能力强；语言流畅、准确、精练，普通话规范、效果好；教态自然大方，感染力强；表达逻辑性强，详略得当，思维敏捷；媒体操作熟练，呈现时机把握好，有必要的人机互动。板书布局合理，美观大方，相得益彰；思路清晰、结构严谨、过渡自然，充分体现师生平等、民主与和谐。	8	
得分与等级	得分：　　　　　　　　　　　　等级：		
备注	得分 90~100 为优秀；75~89 为良好；60~74 为合格，低于 60 分不合格。		

6.5 优质微课评价指标

一级指标	二级指标	指标说明	权重	得分
主题与内容	选题简明	应选取教学环节中某一知识点、例题、习题、专题、实验活动等作为选题，尽量做到"小而精"，具备独立性、完整性和示范性。	5	
	重点突出	能突出教学中常见、典型、有代表性的问题或内容，能有效解决教与学过程中的重点和难点。	5	
	内容科学	内容严谨充实，无知识性、科学性、政策性错误，能反映社会和学科发展。	5	
设计与安排	设计合理	教学目标明确，思路清晰；组织与编排符合学生认知规律；能突出学生的主体性以及教与学活动有机结合，注重学生个性化发展和全面发展。	10	
	方法适当	能根据教学需求灵活选用教学方法和策略，注重调动学生的学习积极性和创造性思维能力；信息技术手段运用合理，教学媒体选择恰当，教学辅助效果好。	10	
	形式新颖	构思新颖，富有创意，录制方法与工具可以自由组合，如用手写板、电子白板、黑板、白纸、PPT、Pad、录频工具软件、手机、DV摄像机、数码相机等制作。	10	
表达与讲解	语言清晰	语言规范清晰，声音洪亮、有节奏感，富有感染力。	10	
	表达形象	教学过程主线清晰，层次分明，形象生动，深入浅出，逻辑性和启发引导性强。	10	
技术与规范	技术规范	微视频：时长不超过10分钟；图像清晰、画面稳定、构图合理、声音清楚，主要教学环节有字幕提示等；片头应显示标题、作者、单位等信息。教学设计分析应包括：学习者起点水平分析、学习内容分析、教学目标分析等。	15	
	结构完整	作品必须包含微课视频，以及在微课录制过程中使用到的全部辅助扩展资料：教学设计、课件、习题等。	5	
效果与评价	目标达成	能完成设定的教学目标，有效解决实际教学问题。	15	
得分与等级	得分：	等级：		
备 注	得分90～100为优秀；75～89为良好；60～74为合格，低于60分不合格。			

参考文献

[1] 何克抗. 教育技术培训教程（初级·中级）[M]. 北京：高等教育出版社，2007.

[2] 贾居坚，秦旭芳. 现代教育技术在学前教育中的应用[M]. 北京：高等教育出版社，2012.

[3] 张琳. 幼儿园教育活动设计与实践[M]. 北京：高等教育出版社，2010.

[4] 陈玲，刘禹. 跨越式实现高效课堂——信息技术与课程整合高效教学方案评析[M]. 南京：江苏教育出版社，2011.

[5] 金陵. 翻转课堂与微课程教学法[M]. 北京：北京师范大学出版社，2015.

[6] 高方银. 行走在教育绿洲——一位仡佬族现代教育技术探究者的成长足迹[M]. 成都：西南交通大学出版社，2015.

[7] 中央教育科学研究所早期教育研究中心. 幼儿园和谐发展课程教师用书[M]. 北京：教育科学出版社，2006.

[8] 广东基础教育课程资源研究开发中心信息技术教材编写组. 信息技术基础[M]. 广州：广东教育出版社，2006.

[9] 豆玉梅，刘红英. 多媒体技术在幼儿园各科教学中的应用优势. 甘肃省教育网[EB/OL]. http://www.gsedu.cn/huodjj/xiaoxtlwds/wangjzp/diejzp/2012/07/04/1341391560253.html，2012-07-04.

[10] 福州市旗汛口幼儿园. 信息化环境下优化幼儿园领域教育的策略研究. 福州市旗汛口幼儿园的博客[EB/OL]. http://kt.fjcet.com/Blog/contentdetail.aspx?id=9658&blognumber=10175，2014-06-20.

[11] 中央政府门户网站. 国务院关于当前发展学前教育的若干意见[EB/OL]. http://www.gov.cn/zwgk/2010-11/24/content_1752377.htm，2010-11-24.

[12] 中国教育和科研计算机网. 3～6岁儿童学习与发展指南[EB/OL]. http://www.edu.cn/xue_qian_news_197/20121019/t20121019_858538.shtml，2012-10-19.